패밀리 밀
The Family Meal

엘불리
페란 아드리아의
가정식 레시피

;세미콜론

From elBulli to your kitchen
엘불리에서 여러분의 부엌까지

5

Basic recipes
기본 레시피

39

The meals
식사

61

Glossary & Index
용어와 색인

377

From elBulli to your kitchen

엘불리에서 여러분의 부엌까지

엘불리의 가족 식사
7

엘불리 시스템
8

집에서 요리하기
12

필수 식재료
29

가족 식사의 풍경
32

엘불리의 가족 식사

75명의 엘불리 직원들은 매일 저녁을 함께 먹는다. 우리는 이걸 '가족 식사'라 부른다. 말 그대로 전 직원이 가족 같을 뿐만 아니라 모두가 함께 앉아 밥을 먹는 순간이 중요하기 때문이다. 물론 직원 식사는 손님이 먹는 음식과 다르다. 사실 사람들은 우리가 일상 음식을 먹는다고 이야기하면 종종 놀라곤 한다.

엘불리에서는 왜 가족 식사가 이다지도 중요할까? 답은 간단하다. 잘 먹어야 요리도 잘 하기 때문이다.

이 책의 의미 이 책은 레시피를 기획하고 만든 페란 아드리아와 총괄 셰프 가운데 한 사람이자 가족 식사의 총 책임자인 에우헤니 데 디에고가 3년간 공을 들인 작품이다. 우리는 이렇게 공들인 작업이 서랍에서 먼지나 뒤집어 쓰는 걸 원하지 않았다. 엘불리가 2011년 7월 30일 문을 닫는다는 걸 알고 우리는 모든 가족 식사 레시피를 묶어 책으로 내기로 결정했다. 매일 직원들의 식사를 준비해야 하는 세계 각지의 레스토랑을 위해 다양하고 영양적인 면에서도 균형 잡힌 레시피를 소개하고 싶었다.

처음에는 오직 음식 업계 종사자만이 관심을 가질 거라 생각했다. 그러다가 가정에서 요리하는 사람에게도 우리의 철학을 알리고 싶어졌다. 이 책을 따라 하다 보면 가정에서도 음식점 주방의 체계를 적용해 볼 수 있고, 체계적인 요리도 어렵지 않다는 걸 알 수 있을 것이다.

이 책을 위해 새로운 레시피를 만들지는 않았다. 누구나 즐길 수 있는 일상적이고 비싸지 않은 음식을 선보이고자 했다. 그만큼 단순한 요리를 담았다. 엘불리의 가족 식사는 많은 이들이 먹는 음식과 다르지 않다. 다만 비시슈와즈나 초콜릿 쿠키처럼 일상적으로 접하는 음식이지만, 막연히 어렵다고 생각하는 것들도 알려 주고 싶었다.

또한 레시피를 자세하게 설명하고 있어 요리 경험이 없더라도 쉽게 따라 만들 수 있다. 사실 이 책은 요리를 '하는' 방법보다 요리에 대해 '생각하는' 방법을 소개한다. 만약 여러분이 지금껏 어떤 음식을 잘 먹지 못했다면 그 요리를 제대로 시도해 본 적이 없기 때문이라고 우리는 생각한다.

레시피와 식사의 차이 수많은 레시피 책이 있지만 식사 전체를 살펴보는 책은 별로 없다. 집에서 요리책을 보고 따라 하더라도 개별적인 레시피만으로 그럴듯한 코스 요리를 만들어 내기는 쉽지 않다. 여기서는 식사 전체를 준비할 수 있도록 각각 3가지 코스로 이루어진, 31가지의 균형 잡힌 메뉴를 소개한다.

일상의 식탁을 위한 생각 좋은 음식은 비싸다는 편견이 있다. 하지만 이 책에서 소개하는 모든 레시피는 작은 비용으로도 만들 수 있다. 물론 세계 각 지역마다 재료비는 다를 것이다. 하지만 원칙은 똑같다. 각자의 지역에서 구할 수 있는 재료로 합리적인 가격대의 식사를 준비하는 것이다. 이 책의 두 번째 장점은 코스식 구성이다. 모든 식사가 전채, 주요리, 디저트의 3가지 코스로 이루어져 있어, 특별한 날 근사한 저녁 한 끼를 차려 내거나 사람들을 초대해 멋진 저녁 시간을 보낼 수도 있다. 마지막으로 모든 메뉴가 실용적이다. 이렇게 다양하게 구성된 31가지의 레시피를 통해 흥미로운 재료와 건강한 식재료로 균형 잡힌 식사를 소개하고자 한다.

대부분의 경우 세계 어디에서나 찾을 수 있는 재료를 썼다. 엘불리 셰프 중 1명이 시장이나 슈퍼마켓에서 재료를 구해 2인분씩 요리하면서 거듭 확인했다. 구하기 힘든 재료가 있는 메뉴는 싣지 않았고, 가능하면 대체 재료를 생각했다.

엘불리의 가족은 많은 스페인 가정과 똑같이 먹는다. 하지만 세계 각국에서 온 이들이 일하므로 멕시코나 일본 같은 다른 나라의 요리나 요리법도 소개했다. 그래도 어디에서나 구할 수 있는 재료로 만들 수 있는 요리를 담았다.

신선한 재료로 대부분의 레시피를 따라 만들지만, 합당할 경우에는 냉동 재료도 마다하지 않았다. 예를 들어 완두콩의 경우 생물의 철이 매우 짧고 냉동 제품과 비교해 품질의 차이가 거의 없다. 그리고 육수나 소스 등 기본 레시피를 대량으로 준비할 때는 냉동 보관을 잘 하는 게 중요하다.(40쪽 참조)

엘불리 시스템

생산 현황표 매일 75인분의 식사 준비에 차질이 생겨서는 안 된다. 엘불리에서는 실수 없이 요리하기 위해 공정 시스템을 만들고 오랜 세월에 걸쳐 완벽에 가깝게 다듬어 왔다. 첫째, 레시피를 기록하고 세부 사항은 생산 현황표에 업데이트한다. 그래야 주방 인력이나 먹는 인원에 관계없이 똑같은 요리를 할 수 있다. 1년에 두세 차례, 기본 레시피(소스나 육수) 등을 대량으로 만든 뒤 소분해 얼린다.

월간 및 주간 현황표 매달 엘불리에서는 메뉴 시트를 만들어 그 달의 식단을 알리는 동시에

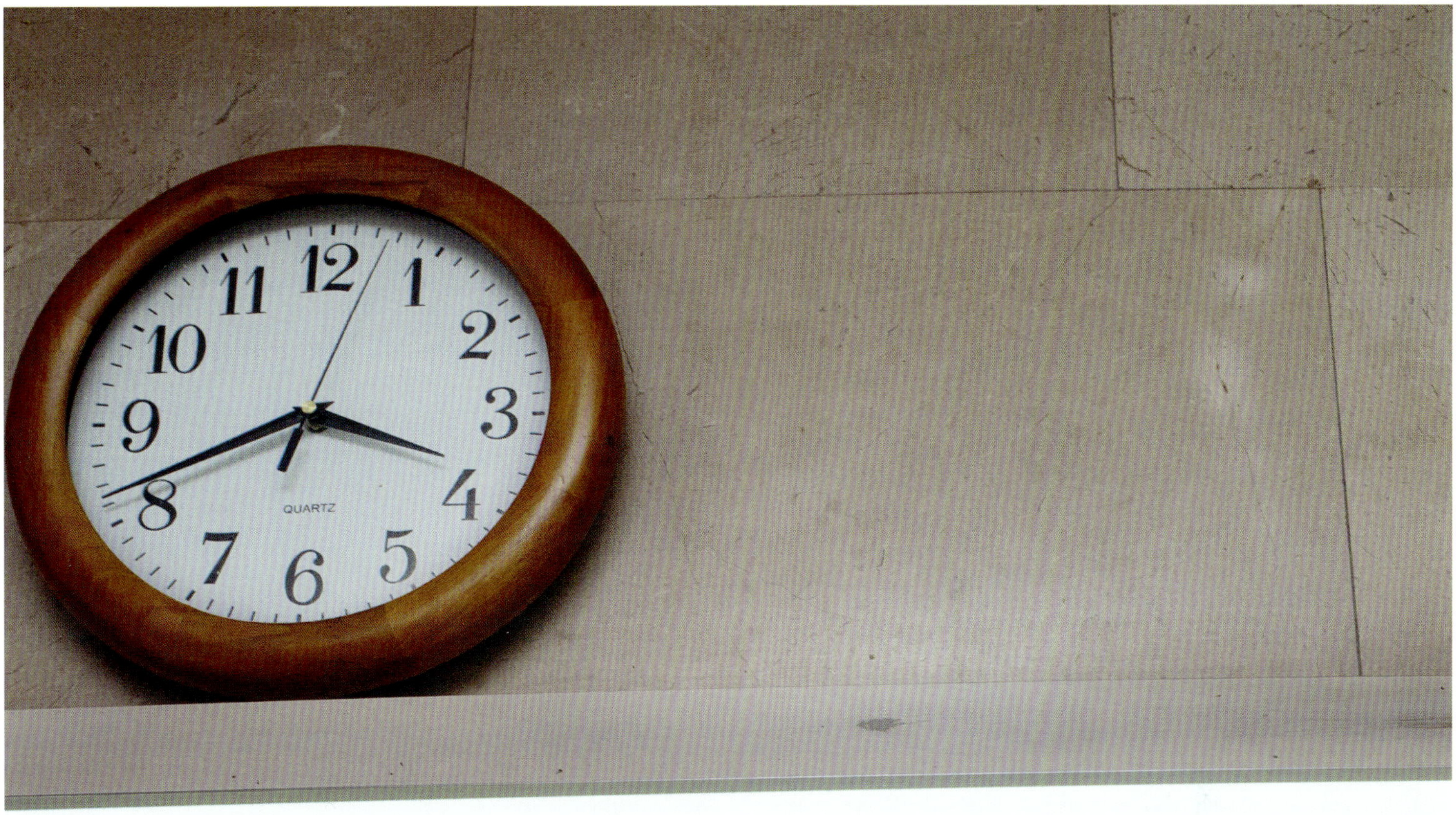
QUARTZ

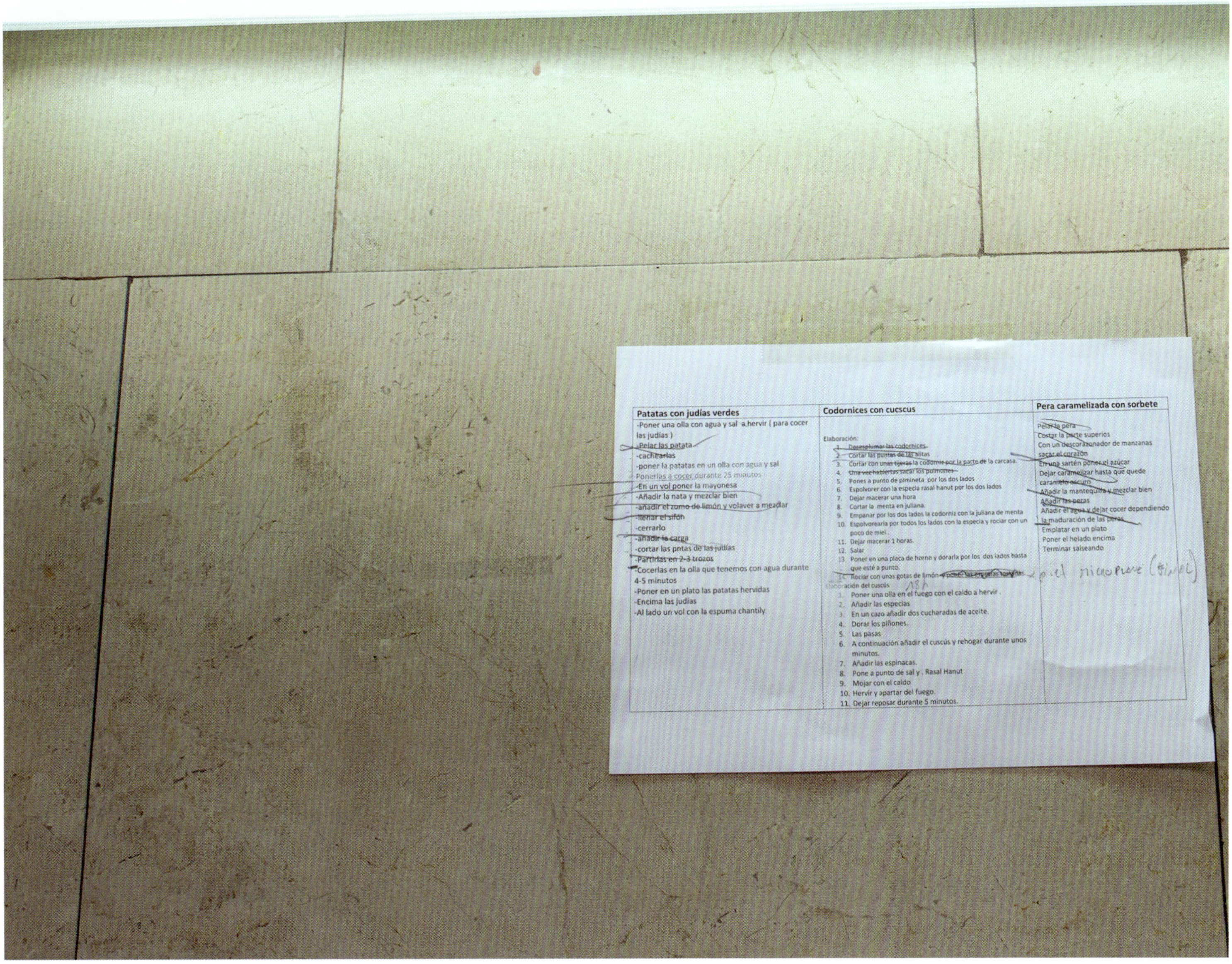
Patatas con judías verdes
Codornices con cucscus
Pera caramelizada con sorbete

재료의 종류, 쓰임새, 제철, 재고 확보 등에 대한 세부 사항까지 첨부한다. 이는 납품 업체가 예고에 없던 재료를 가져올 경우처럼 예기치 않은 상황에만 바뀐다. 일간 및 주간 계획은 에우헤니와 페란의 몫이다.

일일 업무 식사를 준비하기 전날 밤, 생선처럼 당일에 사야 하는 재료를 제외한 모든 재료를 확인한다. 요리 당일 오후 2시에서 6시 사이에 미장 플라스(재료 손질을 포함한 저녁 식사의 모든 준비 과정)와 가족 식사 준비를 번갈아 가며 한다. 특별한 스튜 같은 음식이 아니라면 모든 음식은 당일에 준비한다.

손님을 위한 미장 플라스는 6시 25분까지 끝낸다. 그때까지 작업대를 닦고 의자를 배열한 뒤 가족 식사를 위해 물병과 잔, 빵을 꺼낸다. 그사이 남은 셰프와 접객원들이 부엌에서 내는 첫 코스에 줄을 서서 각자의 몫을 챙긴다. 주요리는 우리가 비올리네(바이올린)라 일컫는 큰 접시에 담아 식탁에 낸다. 마지막으로 디저트는 1인분씩, 또는 여러 인분을 접시에 담아 내고 주요리 전후에 챙길 수 있다. 빵은 언제나 식사에 곁들인다. 여러 종류를 준비하다 보니 개인을 위한 롤이나 바게트보다 큰 시골빵을 썰어 내는 게 낭비가 적다는 걸 알았다. 쓰지 않은 빵은 다음 날 먹거나 요리에 쓴다.

레시피의 분량 기준 이 책의 레시피는 2, 6, 20, 75인분을 기준으로 그에 딱 맞춰 요리할 수 있는 분량으로 만들어졌다. 이는 재료를 사람 수로 곱하거나 나눠서 될 일이 아니다. 만약 75인분을 요리할 경우, 개인 접시에 담지 않고 큰 쟁반 등에 담아 각자 원하는 만큼 덜어 먹을 수 있도록 낸다. 가족 식사를 오랫동안 준비하면서 실제로 필요한 음식의 양을 알게 되었고, 레시피를 되풀이하며 생산 현황표를 조절했다. 남은 음식은 재활용 및 재사용할 수 있다. 곁들이 음식이나 샐러드는 역시 정확한 양만 만들 수 있도록 공기에 담아 낸다. 물론 가정에서 2인분 혹은 6인분을 요리할 때는 큰 문제가 안 되며, 정확한 양을 계산하기도 쉽다.

직원들의 음식 선호도 직원마다 좋아하는 요리가 따로 있긴 하지만, 유행의 최첨단을 달리는 레스토랑에서 일하는 사람들도 일반 사람들과 입맛이 크게 다르지 않다. 요리 중에서는 햄버거가 가장 인기 있고, 생파스타는 다른 요리에 비해 두 번 먹는 이들이 많다.
그런 요리는 모두가 충분히 먹을 수 있도록 많이 만든다. 한편 흑미밥, 리소토, 죽 등 쌀 요리를 좋아하는 직원들도 있다.

커피 타임과 뒷정리 가족 식사가 끝나면 각자의 접시, 물잔, 식기를 치우고 커피를 마신다. 매일 접객 직원이 1명씩 돌아가며 모두를 위한 커피를 준비한다. 마지막에는 페란만 식탁에 남는다. 만약 준비 과정에서 뭔가 문제점이 있었다면 에우헤니와 이에 대해 이야기를 나눈다. 저녁 7시에는 의자를 치우고, 잠시 쉬었다가 일을 다시 시작한다.

재료나 조리를 최대한 활용하는 법 가족 식사의 가장 유용한 자원은 미장 플라스에서 남은 재료이다. 엘불리에서 쌓은 요령을 소개해 보겠다. 레스토랑의 성격이나 스타일에 따라 같은 재료나 요소도 다르게 쓸 수 있을 것이다.

* 엘불리에서는 아몬드 우유를 만들기 위해 아몬드 즙을 짜고 남은 것으로 아이스크림이나 아호 블랑코 ajo blanco(스페인 전통 마늘과 아몬드 수프)를 만들 수 있다.

* 치즈 국물을 내고 남은 자투리는 리소토에 쓴다. 특히 파르지미아노 치즈를 잘 쓴다.

* 고등어의 몸통이나 특정 부위를 손님 요리용으로 썼다면 나머지 부위로 수프, 타르타르, 생선케이크 등을 만들 수 있다.

* 아스파라거스를 봉우리(끝부분)만 잘라 썼다면 남은 줄기는 삶아 마요네즈를 곁들여 먹거나 수프, 퓌레, 크림을 만들 수 있다.

* 과일이 너무 익어 손님에게 낼 수 없거나 자투리만 애매하게 남았다면 소르베나 과일 소스에 쓸 수 있다.

* 코코넛밀크를 짜고 남은 것은 마카룬이나 코코넛 크렘 캐러멜을 만들 수 있다.

* 토마토 국물(손님에게 내는 메뉴인 '워터 아이스'를 만드는 데 쓰는)을 만들고 남은 것은 소프리토나 토마토 소스에 쓴다. 물론 반대로 쓸 수도 있다. 과육이 필요한 경우라면 남는 국물로 상큼한 음료를 만든다.

* 육수를 만들고 남은 건더기는 물을 더해 한 번 더 보글보글 끓인다. 엘불리에서는 이를 '2차 육수'라고 부르고 다음 육수를 만들 때 물 대신 써 맛을 낸다.

* 닭 육수를 내고 남은 고기는 찢어 샐러드를 만든다.

* 햄 육수를 내고 남은 자투리는 콩과 요리를 만들어 먹는다.

* 달걀노른자를 쓰고 남은 흰자는 버리지 않고 다른 요리(예를 들면 무스나 머랭)를 만든다. 달걀흰자를 쓸 때 남은 노른자로는 캐러멜 푸딩을 만든다.

남은 재료를 쓰면 비용을 아낄뿐더러 맛있고 흥미로운 요리를 만들 수 있다.

마법의 증점제 레스토랑 셰프들은 오랫동안 잔탄검을 써 왔다. 액체의 점도를 엄청나게 올려 주는 친수 콜로이드로, 무엇보다 소스에 걸쭉하게 만드는 데 탁월하다. 전통적인 증점제인 옥수수 전분보다 훨씬 적은 양을 쓸 수 있어 아주 효과적일 뿐만 아니라 음식의 맛에도 영향을 전혀 미치지 않는다. 그래서 레스토랑 주방에서는 잔탄검을 쓰는 게 합리적이다. 하지만 가정에서 음식을 적은 양만 만드는 경우라면 잔탄검의 양도 매우 적어지므로 계량이 어려워진다. 집에서 몇 인분만 요리한다면 옥수수 전분을 물에 개어 소스나 비네그레트에 섞고 걸쭉함이 올라올 때까지 끓이는 게 훨씬 쉽다. 물론 75인분을 요리한다면 옥수수 전분을 안 쓰는 게 좋다.

잔탄검을 적은 양만, 정확하게 계량해 쓰면 완벽한 요리를 만들 수 있다.

크루 조리법   엘불리에서 '크루cru'라 불리는 조리법이 있다. 수분을 많이 함유한 재료(예를 들어 과일이나 채소)를 다른 맛과 향의 액체와 함께 진공 포장하는 기술이다. 재료를 둘러싼 수분이 재료의 내부로 스며들어 재료 자체의 수분을 대체하고 맛을 들인다. 사과와 칼바도스(사과 브랜디 —옮긴이), 회향과 파인애플, 바질과 사과, 비네그레트와 아티초크, 아스파라거스와 파르미지아노 치즈 국물 등을 예로 들 수 있다.

—

집에서 요리하기

—

가장 중요한 체계   집에서도 쉽게 요리할 수 있도록 엘불리의 가족 식사 레시피를 수정하는 과정에서 우리는 레스토랑의 미장 플라스(또는 미리 준비하기)의 중요성을 새삼 깨달았다. 물론 대체로 요리를 미리 준비하지 않는 집에서조차 미장 플라스는 꽤 큰 도움이 된다. 요리 당일에 반드시 만들어야만 하는 것도 있지만 육수나 소스 같은 요소는 얼마든지 미리 만들 수 있다. 상황에 따라 미리 준비할지 말지 결정할 수 있는데, 역시 가장 중요한 요인은 시간이다. 일단 주간 식단을 계획하고 가능한 재료를 미리 사는 게 도움이 된다. (물론 신선 식재료는 요리 당일에 산다.) 각 메뉴의 시작 전에 나오는 '메뉴 계획(71쪽 참고)'을 따르면 3가지 코스로 이루어진 메뉴를 아주 짧은 시간 안에 준비할 수 있다. 복잡한 메뉴나 시간이 많이 드는 요리는 주말에 만들자.

장보기   시장이나 슈퍼마켓 중 어디서 장을 보는 게 나을까? 각각의 장단점도 있고 개개인의 선호도 역시 다를 것이다. 시장과 작은 개인 매장에서는 판매자와 직접 소통을 통해 신뢰를 쌓을 수 있다. 많은 이가 정육점 주인이나 생선 가게 주인과 맺는 개인적인 관계를 중요하게 여긴다. 고기나 해산물을 살 때는 전문가의 경험을 적극 활용하고 손질도 그들에게 맡긴다. 비늘 긁어내기, 뼈 바르기, 내장 발라내기, 썰기 등등의 지난한 과정 말이다. 그들은 특정 레시피에 더 잘 어울리는 고기의 부위나 생선에 대한 조언도 해 줄 수 있다. 반면 슈퍼마켓은 대량 구매를 통해 가격을 낮춘다. 물론 인터넷에서도 장을 볼 수 있다는 사실을 잊지 말자. 큰 슈퍼마켓에서는 인터넷 판매를 하는데, 특히 향신료처럼 찬장에 두고 쓰는 식재료를 보충해야 할 때 이용하면 편리하다. 결국 자신에게 잘 맞는 방식으로 여러 선택지를 조합해 장을 보면 된다.

과일과 채소 언제나 제철 과일과 채소를 우선으로 쓰는 게 가장 좋다. 과채류는 제철이 한창일 때보다 제철이 시작될 무렵 항상 가격이 더 높다는 점을 명심하자. 가격을 비교해 보고 언제나 가장 합리적인 걸 고른다. 필요한 만큼 조금씩만 사서 쓰자.

유제품 이 책에서 소개하는 많은 요리에는 지방을 걷어 내지 않은 우유(일반적인 우유)가 더 잘 어울린다. 물론 지방 함유량 때문이다. 크림을 살 때는 공기를 넣어 올려 쓸 것인지, 액체 상태 그대로 요리에 더할 것인지 아는 게 중요하다. 제품마다 지방 함유량이 다르니 반드시 포장에 적힌 내용을 확인하고 산다. 요구르트는 맛, 부드러움, 단맛, 지방 함유량 등 성질이 제품마다 달라 다양하게 활용할 수 있는 훌륭한 재료다. 요리를 위해 요구르트를 고를 때에는 고민할 필요가 없다. 지방을 걷어 내지 않은, 질 좋은 제품이 최고다.

빵 요즘은 빵집에서도 금방 구워 낸 빵을 살 수 있다. 크기와 형태도 다양하다. 또한 즉석 또는 반조리된 바게트나 포장된 빵도 살 수 있다. 그래서 어떤 빵을 구입해 어떻게 보관할 것인지 염두에 두어야 한다. 빵은 냉동 보관했다가 오븐이나 토스터에서 바로 해동시켜 먹을 수 있다.

기름 다양한 품질의 기름을 다양한 가격대에 살 수 있다. 이 책에서 소개하는 메뉴에는 3가지 기름을 쓴다. 요리를 위한 일반 올리브기름, 드레싱을 위한 엑스트라버진 올리브기름, 튀김을 위한 해바라기씨유(카놀라유 등의 식용유라면 대신 쓸 수 있다. 이후 전부 '식용유'로 통일했다. —옮긴이)이다.

생선 생선의 신선도는 눈알과 껍질로 바로 확인할 수 있다. 눈알은 검은색이면서 빛이 나고 불룩해야 한다. 회색에다가 평평하거나 꺼져 보인다면 좋지 않은 생선이다. 껍질도 반짝이며 단단해야 한다. 칙칙하고 주름졌다면 싱싱하지 않은 것이다. 냄새로도 신선도를 확인할 수 있다. 비린내가 심하게 난다면 신선하지 않은 생선이다. 생선에서는 오직 바다 냄새만 나야 한다. 냉장고에 보관할 때는 물 빠지는 받침이 있는 플라스틱 밀폐 용기에 넣어 생선에서 나오는 수분이 흘러내리도록 한다.

집에서 요리할 때는 생선 가게에 내장을 바르고 비늘을 긁어내 달라고 부탁한다. 물론 껍질을 벗기거나 포를 뜨는 것까지 부탁할 수도 있다.

16~17쪽에 이 책에서 요리하는 생선을 한데 모아 놓았다. 채소나 고기와 달리 생선은 비슷하게 생겼으므로 장을 보러 가기 전에 필요한 걸 확인하는 게 좋다. 레시피에서 나온 생선을 찾을 수 없다면 생선 장수에게 적당한 생선을 소개해 달라고 부탁한다.

백조기

라임에 재운 생선
(152쪽 참조)

대구

염장 대구와 채소 스튜
(104쪽 참조)
대구 튀김과 청고추 샌드위치
(292쪽 참조)

전갱이

비네그레트 고등어 구이
(164쪽 참조)

명태

살사 베르데 명태
(233쪽 참조)

농어

라임에 재운 생선
(152쪽 참조)
일본식 도미찜
(194쪽 참조)
농어 오븐 구이
(332쪽 참조)

정어리

정어리 참깨 지짐과 당근 샐러드
(114쪽 참조)

넙치

마늘 기름 소스로 맛을 낸 생선 튀김
(252쪽 참조)

고등어

고등어와 감자 스튜
(84쪽 참조)

청보리멸

살사 베르데 명태
(233쪽 참조)

귀족도미

일본식 도미찜
(194쪽 참조)

고기 고기는 비싼 재료인 만큼 구매하는 데 가격이 가장 중요하다. 하지만 저렴한 부위로도 맛있고 다양한 고기 요리를 할 수 있다. 자유 방목 닭, 칠면조, 오리, 돼지고기나 송아지 및 소의 특정 부위는 합리적인 가격으로 구할 수 있다. 나쁜 품질의 비싼 부위보다는 좋은 품질의 저렴한 부위를 사는 게 더욱 좋다는 걸 명심하자. 고기는 미리 손질한 포장육도 있지만, 정육점 주인으로부터 바로 잘라 살 수도 있다. 물론 후자가 더 싱싱하다. 갈아 낸 고기도 마찬가지다. 포장된 제품(구워서 바로 먹는 햄버거 패티조차도)도 바로 갈아 달라고 요청할 수 있는데, 이 경우 두께도 조절할 수 있다.

고기 조리법 고기는 종류나 부위에 따라 조리법이나 온도가 다르지만 아래의 일반적인 지침은 기억해 두자. 엘불리에서 '열 방정식'이라 일컫는 4가지 요령이다.

1. 고기는 고열에서 조리한다.
2. 기름은 최소한만 써서 조리한다.
3. 두꺼운 팬을 쓴다. 바닥 전체가 열원과 접촉하지 않으므로 팬이 두꺼울수록 표면에 열이 고르게 퍼진다.
4. 고기의 1회 조리 분량은 팬의 크기에 맞춰 조절한다. 작은 프라이팬에 너무 많은 고기를 넣으면 열을 잃는다. 같은 이치에서, 고기를 조리하기 30분 전 미리 냉장고에서 꺼내 놓는다.

곁들이 음식 고기에는 다음을 포함한 다양한 음식을 곁들일 수 있다.

* 그릴에 구운 애호박, 감자, 파프리카
* 삶은 콜리플라워, 감자, 양배추
* 감자나 애호박 오븐 구이 또는 통구이
* 양파 링이나 저민 가지 등의 튀김류
* 콩이나 병아리콩 등의 콩류
* 채소, 견과류, 고기나 치즈 등으로 만든 샐러드, 월돌프 샐러드(370쪽), 시저 샐러드(72쪽) 등
* 흰밥 또는 멕시코식 밥(242쪽) 같은 쌀 요리
* 이 책에서 전채로 소개된 요리, 올리브기름 채소 오븐 구이(350쪽), 파르미지아노 폴렌타 그라탕(112쪽), 상추 구이(360쪽), 감자 퓌레(362쪽), 베샤멜 소스로 맛을 낸 콜리플라워(260쪽)

감자 튀김 조리법 이 책의 어느 메뉴에도 감자 튀김을 내지 않지만, 많은 이들이 고기 요리에는 감자 튀김이 최고라고 여긴다. 맛있는 감자 튀김 만드는 법을 간단하게 소개하자면 다음과 같다. 감자를 씻고 썰어 말린 뒤 뜨거운 기름(140℃)에 한 번 데친다. 이 단계에서 감자가 노릇해지면 안 된다. 미리 데쳤다가 종이 행주에 올려 기름기를 걷어 낸 다음 상온에 둔다. 식탁에 내기 전 아주 뜨거운 기름(180℃)에 노릇하고 바삭하게 튀긴다.

달걀 조리법 달걀은 여러 방법으로 조리해 두루 쓸 수 있다. 뜨겁거나 찬 수프에 그대로 깨서 올려도 좋고, 샐러드에나 익힌 병아리콩에 곁들일 수도 있다.

먼저 달걀을 물에 담가 신선한지 확인해 보자. 용기 바닥에 수직으로 가라앉는다면 신선한 달걀이다. 반면 달걀의 뭉툭한 바닥이 솟아 오른다면 신선하지 않은 것이다. 높이 떠오를수록 신선하지 않고, 아예 물 위로 뜬다면 버려야 한다.

가장 간단하고도 인기 있는 달걀 조리법은 튀기듯 부치는 것이다. 조리한 달걀은 샐러드나 수프, 혹은 다른 요리에 곁들일 수 있다. 반숙으로 삶은 달걀도 똑같이 활용할 수 있는데, 그럴 경우 뜨거운 물에 속이 완전히 익지 않도록 3분간 삶는다.

또다른 고전적인 달걀 조리법으로는 수란이 있다. 노른자를 둘러싼 흰자가 익을 때까지 아주 뜨거운 물에 담그면 된다.

마지막으로 일본식 온센다마고가 있다. 60~70℃의 온천물에 달걀을 담가 익히는 조리법이다. 레스토랑 주방에서는 저온 조리나 63℃ 수증기로 40분간 삶거나 쪄서 만들 수 있다.

이 외에도 가장 흔히 쓰는 달걀 조리법은 다음과 같다.

1. 부침

달걀을 작은 공기에 깬 뒤 조심스레 팬에 올린다. 팬은 미리 뜨겁게 달궈 놓는다. 달걀을 샐러드나 수프에 올린다면 쿠키 자르개로 흰자 가장자리를 깔끔하게 정리한다.

2. 삶기

타이머를 준비하고 펄펄 끓는 물에 달걀을 담근다. 완숙은 3~4분, 반숙은 7분간 삶는다. 찬물에 바로 담갔다가 조심스레 껍데기를 벗긴다.

3. 은근히 삶기(수란)

달걀을 작은 공기에 깬 다음 끓을락 말락 하는 물에 조심스레 담근다. 3~4분간 익힌 뒤 구멍 뚫린 국자로 건진다. 노른자 속은 익지 않아야 한다.

부침 →

삶기 →

 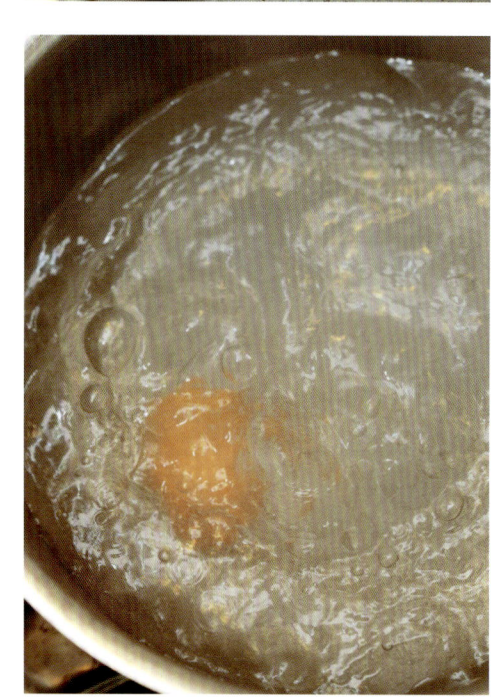 

은근히 삶기 →

허브 작은 양으로도 음식의 맛을 바꾸는 허브는 어느 부엌에서나 쓸모 있는 식재료다. 많은 양을 쓰지 않는다면 자주 쓰는 허브를 화분에 키우는 것도 좋은 방법이다. 기본적인 관리가 필요하지만 경제적이고 신선한 허브를 필요할 때마다 쓸 수 있어 편리하다. 말하자면 생재료를 찬장에 채워 놓는 셈이다. 아니면 슈퍼마켓에서 생허브를 살 수도 있다. 시장에서는 다발로 파니 많이 쓸 때 요긴하다.

생허브 이 책의 레시피에 나오는 생허브는 다음과 같다.

* 파슬리
* 고수
* 박하
* 바질
* 타임
* 로즈마리
* 골파

말린 허브 말린 허브로도 음식에 맛과 향을 낼 수 있는데, 저장이 가능하니 1년 내내 쓸 수 있다. 한편 말린 허브를 전통적으로 쓰는 경우도 있다. 이 책에서 쓰는 말린 허브는 다음과 같다.

* 오레가노
* 월계수 잎
* 타임
* 로즈마리

향신료, 소스, 양념 향신료만큼 맛과 향을 북돋아 주는 식재료도 없다. 기존의 요리에 변화를 주거나, 새로운 요리에 개성을 불어넣을 수 있다. 덕분에 향신료는 오랫동안 귀한 대접을 받았다. 향신료는 비교적 보관하기 편리하지만, 그래도 조금씩 사서 쓰는 게 좋다. 몇 달, 혹은 몇 년 동안 보관하면 향과 신선함이 사라진다. 향신료와 마찬가지로 양념도 맛에 큰 영향을 미치며 요리의 완성도를 높여 주는 중요한 요소이다.

이 책에서 쓰는 향신료와 양념은 다음과 같다.

* 계피
* 정향
* 사프란
* 흑후추
* 백후추
* 파프리카 가루(단맛)
* 너트메그
* 생강
* 적미소
* 간장
* 다시
* 카레
* 아치오테
* 바닐라
* 녹색 아니스
* 커민
* 오향 가루
* 라스 알 하누트(모로코의 배합 양념)
* 시치미토가라시(일본의 배합 양념)
* 고춧가루
* 디종 머스터드
* 우스터 소스
* 굴소스
* 통알곡(홀그레인) 머스터드
* 붉은색 몰레 페이스트

가정에서 식재료 보관하기 갈아 둔 고기는 공기와 접촉면이 넓어 고깃덩어리보다 더 빨리 상한다. 고기를 냉장고에 보관할 때 다른 냄새가 배거나 찬 공기에 마르지 않도록 뚜껑이 있는 플라스틱 밀폐 용기에 옮겨 담는다. 식재료의 포장을 뜯은 뒤에는 재료의 종류나 온도에 따라 저장 및 사용 기간이 달라질 수 있다. 일반적으로 신선 식품은 적정 온도에서 2~3일 정도 보관할 수 있다. 통조림의 경우 다른 용기(비금속제)에 옮겨 보관한다.

과일과 채소는 자르거나 썰면 영양분이 없어지기 때문에 손질한 뒤에는 최대한 빨리 쓴다. 플라스틱 봉지나 랩 등에 담거나 싸서 보관하지 않는다.

이 책의 레시피 분량은 음식물 낭비를 줄이기 위해 철저히 계산했다. 하지만 남은 음식은 냉장고에 며칠간 보관할 수 있다.

냉동 보관 음식 냉동할 음식에 보관 날짜를 포함한 세부 사항을 써 놓는다. 품질이 떨어지지 않고 냄새가 배지 않도록 잘 포장해야 한다. 쓸 양만큼 소분해 냉동한다. 음식마다 냉동 보관이 가능한 기간은 다르지만, 일반적으로 어떤 식품이든 6개월 이상 보관하는 건 바람직하지 않다. 또한 모든 식재료가 냉동에 적합한 것은 아니다. 예를 들어 완두콩이나 콩은 냉동해도 품질이 떨어지지 않지만, 아티초크나 애호박은 그렇지 않다. 이런 재료들은 쓰기 하루 전에 냉동고에서 꺼내는 게 좋다. 고기나 생선은 접시에 담고 잘 덮어 냉장실에서 해동한다.

한편 냉동고는 주기적으로 성에를 긁어내고 청소를 해 줘야 효율이 떨어지지 않는다.

조리 도구 기본적인 도구와 장비만 준비하면 이 책에 나와 있는 모든 요리를 할 수 있다. 가장 필요한 도구는 24~25쪽에, 쓰면 좋지만 꼭 필요하지는 않은 도구는 26~27쪽에 정리했다.

10. 오븐 사용 가능 접시
11. 계량컵
12. 눈이 고운 체
13. 후추갈이
14. 종이 행주
15. 은박지
16. 플라스틱 랩
17. 제과제빵용 유산지
18. 다양한 크기의 틀

19. 짜서 쓰는 병

20. 레몬즙 짜개

21. 파스타 제조기

22. 논스틱 제과제빵용 깔판(실팻)

23. 만돌린(채칼)

24. 마이크로플레인 강판

25. 번철

26. 캐서롤 냄비

27. 압력솥

28. 요리용 토치

29. 아산화질소 사이펀과 카트리지

30. 탄산 사이펀

31. 전자 저울

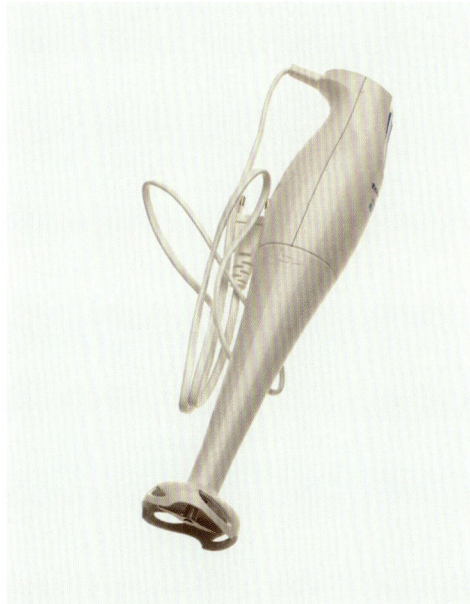
32. 손 블렌더

33. 전기 레몬 즙짜개

34. 전기 과채 즙짜개

35. 믹서

36. 푸드 프로세서

필수 식재료

오래 두고 쓸 수 있는 재료가 잘 구비되어 있어야 좋은 찬장이다. 기본 식재료부터 시작해 레시피 목록에 따라 찬장을 채워 보자. 모든 레시피를 한 번씩 요리하면 아주 훌륭한 찬장을 갖추게 될 것이다.

생재료는 냉장고에 보관한다. 육수나 소스처럼 여러 요리에 다양하게 쓸 재료는 몇 달간 냉동실에 보관하기 좋다.

냉장고
- 달걀
- 버터
- 지방을 걷어 내지 않은 우유(일반 우유)
- 생크림(유지방 35%)
- 파르미지아노 치즈
- 슬라이스 치즈
- 요구르트
- 훈제 베이컨
- 프랑크푸르트 소시지
- 라임
- 레몬
- 기타 시트러스류
- 사과
- 오렌지

냉동고
- 생선 육수(56쪽 참조)
- 닭 육수(57쪽 참조)
- 소 육수(58쪽 참조)
- 햄 육수(59쪽 참조)
- 피카다(41쪽 참조)
- 토마토 소스(42쪽 참조)
- 소프리토(43쪽 참조)
- 볼로네제 소스(44쪽 참조)
- 로메스코 소스(45쪽 참조)
- 페스토 소스(46쪽 참조)
- 완두콩
- 시금치
- 누가 아이스크림
- 바닐라 아이스크림
- 오징어 먹물

찬장

허브, 향신료, 양념
- 오향 가루
- 녹색 아니스 씨
- 사프란
- 계핏가루
- 정향
- 커민 가루
- 고춧가루
- 너트메그
- 아치오테
- 다시 가루
- 라스 알 하누트
- 시치미토가라시 배합 양념
- 파프리카 가루(단맛)
- 소금
- 바닷소금
- 백후추
- 흑후추
- 바닐라 깍지
- 말린 월계수 잎
- 말린 오레가노
- 말린 로즈마리
- 말린 타임

기름과 식초
- 해바라기씨유
- 일반 올리브기름
- 엑스트라버진 올리브기름
- 참기름
- 셰리 식초
- 화이트 와인 식초
- 레드 와인 식초

채소

* 마늘
* 양파
* 감자

장기보관 식재료

* 케이퍼 절임
* 코코넛 밀크(통조림)
* 거킨 오이 절임
* 콩(통조림)
* 렌틸콩(통조림)
* 안초비(통조림)
* 토마토 소스(병 또는 통조림)
* 옥수수(통조림)
* 다진 토마토(통조림)
* 말린 표고버섯

탄수화물/당

* 쌀
* 쿠스쿠스
* 폴렌타
* 탈리아텔레
* 스파게티
* 달걀면 및 짧은 달걀면
* 파르팔레
* 마카로니
* 백설탕
* 가루 설탕
* 흑설탕
* 꿀
* 당밀
* 옥수수 전분
* 아몬드 가루
* 중력분
* 옥수수 토르티아
* 크루통(52쪽 참조)
* 감자 플레이크

소스와 양념

* 마요네즈
* 적미소
* 검은색 올리브 페이스트
* 붉은색 몰레 페이스트
* 통알곡(홀그레인) 머스터드
* 디종 머스터드
* 바비큐 소스(48쪽 참조)
* 굴소스
* 간장
* 데리야키 소스(50쪽 참조)
* 우스터 소스

주류

* 브랜디
* 쿠앵트로
* 코냑
* 키르슈
* 아니세트 리큐어
* 화이트 럼
* 화이트 와인
* 레드 와인
* 비노 랑시오(또는 달지 않은 셰리)
* 중국 소홍주

견과류와 씨앗

* 아몬드(설탕 입힌 것)
* 마르코나 통아몬드(구운 것)
* 헤이즐넛(설탕 입힌 것)
* 자두(말린 것)
* 아몬드(으깬 것)
* 호두(속껍질 벗긴 것)
* 건포도
* 잣
* 피스타치오(속껍질 벗긴 것)
* 참깨
* 깨소금

기타 식재료

* 감자 칩
* 감자채 튀김
* 다크 초콜릿
* 화이트 초콜릿
* 코코아 가루
* 즉석 커피
* 코코넛(간 것)
* 멘톨 사탕
* 꿀맛 사탕
* 아산화질소 사이펀 카트리지

가족 식사의 풍경

레스토랑이 문을 열기 전의 광경을 담았다. 오픈 준비와 접객 사이, 함께 이야기하고 커피를 마시고 식사를 하는 귀중한 시간이다.

먼저 작업대를 치우고 접시를 차리면 줄을 서 각자의 식사를 챙긴다. 그리고 접시를 식탁에 놓고 둘러 앉아 먹는다.

마지막으로 식탁과 작업대를 치우고 그날의 접객을 준비한다.

Basic recipes

기본 레시피

기본 레시피

기본 레시피는 앞으로 소개할 요리에서 쓰는 소스나 육수 같은 기본 요소를 위한 것으로, 미리 준비해 두면 좀 더 체계적으로 요리할 수 있다. 사실 집과 레스토랑 주방을 비교하자면 후자가 미장 플라스를 훨씬 더 많이 한다는 차이가 있을 뿐이다. 레스토랑 셰프는 기본 육수, 소스, 고명을 미리 많이 만들어 직원은 물론 손님을 위한 식사도 훨씬 간단하고 빨리 만들어 낸다. 때로는 진공 포장해서 냉동하는 경우도 있으나 집에서는 그냥 얼려도 상관없다.

이 기본 레시피를 가정용 미장 플라스로 생각하라. 두루 쓸 수 있도록 기본 레시피를 위한 시간을 따로 내어 가능한 한 많은 양을 만들어 놓기를 권한다.(물론 팬이나 냉동고의 크기에 따라 양을 조절한다.) 미리 준비해 놓으면 가정에서도 언제든 맛있는 음식을 만들어 먹을 수 있다.

요리마다 쓰는 양이 다르므로 그램(g)이나 밀리미터(ml) 단위로 기본 레시피의 재료를 표기했다. 따라서 재료의 양만 늘리거나 줄이면 원하는 양을 얼마든지 만들 수 있다. 육수는 최대한 많이 우려낸 뒤 나눠 냉동 보관했다가 필요할 때 꺼내 쓰면 된다. 얼음틀이나 작은 플라스틱 컵, 음식 보관용 봉지는 피카다 같은 소스를 조금씩 담아 보관하기에 좋으며, 플라스틱 병이나 밀폐 용기는 육수를 보관하기에 알맞다. 액체는 얼리면 부피가 늘어나므로 병이나 용기의 맨 위 공간을 약간 남겨 둔다. 그리고 재료의 이름이나 분량, 냉동 일자를 반드시 정확하게 기록해 둔다.

물론 육수나 소스는 좋은 슈퍼마켓이나 델리에서 얼마든지 사서 쓸 수 있다. 요리에 들일 수 있는 시간이나 필요한 양에 따라 결정하면 된다. 육수나 소스를 사서 쓴다면 형편이 허락하는 한 최고급을 고른다. 뒤에서 육수 우리기의 대안에 대해 설명하겠지만, 평소 신뢰하는 레스토랑에서 몇 리터씩 사서 써도 좋다.

마지막으로 준비가 헛되지 않도록 필요한 재료를 냉동실에서 하루 전에 꺼내 두는 것을 잊지 말자.

피카다

향이 두드러지는 소스인 피카다는 카탈루냐 요리에 두루 쓰인다. 종종 요리의 끝에 넣는다.

•

냉장고에 1주일, 냉동고에 6주까지 두고 쓸 수 있다.

•

피카다를 쓰는 요리:
조개와 콩 수프(102쪽)
게와 쌀 스튜(204쪽)
한치먹물밥(272쪽)
생선 수프(320쪽)
오리 죽(342쪽)
렌틸콩 연어 스튜(352쪽)
홍합 국수 수프(372쪽)

	100g분	500g분
사프란	0.5g	2.5g
파슬리 잎	25g	125g
마늘	1쪽	30g
엑스트라버진 올리브기름	40ml	200ml
헤이즐넛(껍데기 벗겨 구운 것)	35g	175g

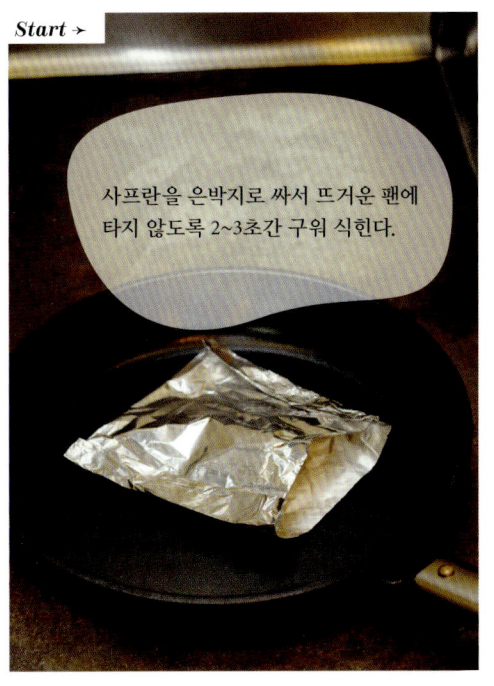

사프란을 은박지로 싸서 뜨거운 팬에 타지 않도록 2~3초간 구워 식힌다.

파슬리 잎과 마늘을 작은 대접에 담는다.

구운 사프란을 더한다.

엑스트라버진 올리브기름을 더한다.

손 블렌더로 갈아 거친 반죽을 만든다.

구운 헤이즐넛을 넣고 곱고 부드러운 반죽이 될 때까지 간다.

토마토 소스

냉장고에 5일, 냉동고에 6주까지 두고 쓸 수 있다.

•

토마토 소스를 쓰는 요리:
토마토 소스로 맛을 낸 소시지(144쪽)
오소부코(154쪽)
토마토 바질 스파게티(250쪽)

	230g분	2.3kg분	8kg분
엑스트라버진 올리브기름	120ml	1.2L	4L
마늘	½쪽	25g	75g
양파, 곱게 썬다	1작은술	175g	500g
다진 토마토(통조림, 또는 파사타)	350g	3.5kg	12kg
소금	1자밤	30g	100g
후추	1자밤	6g	20g
설탕	1자밤	30g	100g

Start →

큰 소스팬을 센불에 올리고 엑스트라버진 올리브기름을 두른다. 마늘을 2~3초간 튀긴다.

썬 양파를 더해 5분간 볶는다.

다진 토마토를 더해 1/3로 줄어들 때까지 보글보글 끓인다.

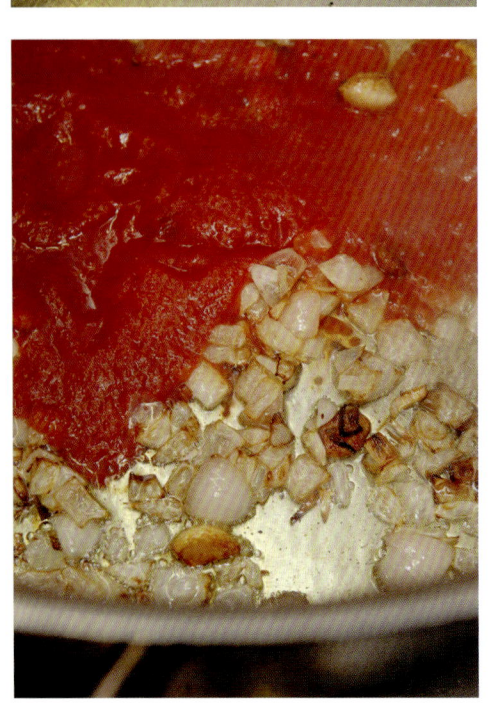

소금, 후추, 설탕을 더한다.

눈이 고운 체에 소스를 내린다.

소프리토

전통 스페인 요리의 기본이 되는 소프리토는 토마토, 마늘, 기름, 양파로 만든다.

냉장고에 5일, 냉동고에 6개월까지 두고 쓸 수 있다.

소프리토를 쓰는 요리:
조개와 콩 수프(102쪽)
게와 쌀 스튜(204쪽)
한치먹물밥(272쪽)
생선 수프(320쪽)
오리 죽(342쪽)
렌틸콩 연어 스튜(352쪽)
홍합 국수 수프(372쪽)

	100g분	350g분	1kg분
마늘	1쪽	40g	140g
엑스트라버진 올리브기름	2작은술	120ml	400ml
양파	300g	1kg	3.2kg
타임(말린 것)	1자밤	1g	3g
로즈마리(말린 것)	1자밤	1g	3g
월계수 잎(말린 것)	1/6장	⅓장	1.5g
생토마토 퓌레(또는 파사타)	80g	225g	800g
소금	1자밤	2g	8g

Start →

마늘을 깊은 단지에 담고 손 블렌더로 간다.

중불에 소스팬을 올리고 엑스트라버진 올리브기름을 두른다. 간 마늘을 더해 노릇해질 때까지 볶는다.

그사이 양파를 블렌더로 갈아 마늘에 더한다.

불을 낮추고 허브류를 더해 자주 저으며 양파가 노릇해질 때까지 볶는다.

생토마토 퓌레의 4/5를 더하고 30분간 더 끓인다.

남은 토마토를 더하고 30분간 더 끓인 뒤 소금과 후추로 간한다.

볼로네제 소스

냉장고에 5일, 냉동고에 6개월까지
두고 쓸 수 있다.

오븐으로 조리하고 싶다면
소스팬의 뚜껑을 덮거나 은박지로 덮어
180℃에서 1시간 30분간 익힌다.

볼로네제 소스를 쓰는 요리:
볼로냐식 파스타(82쪽)

	2.5kg분	8kg분
버터	225g	800g
쇠고기(간 것)	1.2kg	4kg
돼지고기 소시지 속살	350g	1.3kg
양파	500g	1.75g
셀러리	150g	500g
당근	400g	1.5kg
엑스트라버진 올리브기름	150ml	500ml
토마토 퓌레	12g	40g
다진 토마토(통조림)	1.6kg	5.25kg
설탕	1자밤	2g

Start →

큰 팬을 중간 센불에 올리고 버터를 더해 녹인다. 간 쇠고기를 넣고 볶은 다음 돼지고기 소시지 속살을 더한다.

2~3분간 볶다가 소금과 후추로 간하고 계속 저어 주며 노릇해질 때까지 15분간 더 볶는다.

그사이 양파와 셀러리, 당근을 곱게 썬다.

다른 팬을 약불에 올리고 엑스트라버진 올리브기름을 두른다. 채소를 더해 부드러워질 때까지 12분간 볶는다.

채소에 볶은 고기를 더해 골고루 섞는다.

토마토 퓌레와 다진 토마토를 더한다. 소금, 후추, 설탕으로 간하고 고기가 아주 부드러워질 때까지 1시간 30분간 보글보글 끓인다.

로메스코 소스

로메스코 소스는 견과류와 고추를 기름, 세리 식초와 빵아 만든 카탈루냐의 전통 소스다. 대개 해산물, 닭고기, 채소와 함께 낸다. 초리세로choricero 고추 페이스트는 스페인 전문 식품점이나 델리에서 살 수 있다.

•

냉장고에 5일, 냉동고에 6개월까지 두고 쓸 수 있다.

•

로메스코 소스를 쓰는 요리:
로메스코 소스로 맛을 낸 감자 통구이(232쪽)

	5kg분	15kg분
토마토(익은 것)	350g	750g
통마늘	150g	400g
엑스트라버진 올리브기름	300ml	900ml
헤이즐넛(껍데기 벗겨 구운 것)	350g	1kg
흰 시골빵, 썬다	1kg	1.7kg
세리 식초	2.5L	8L
초리세로 고추 페이스트	1.2L	4.5L

Start →

오븐을 200℃로 예열한다. 토마토와 마늘을 통째로 통구이팬에 담아 겉이 그을고 속은 부드러워질 때까지 45분간 굽는다.

만질 수 있을 만큼 식으면 토마토는 껍질을 벗겨 대접에 담는다.

마늘은 머리를 잘라 내고 부드러워진 살을 짜서 토마토에 더한다.

팬을 중불에 올리고 엑스트라버진 올리브기름을 약간 둘러 헤이즐넛이 진한 갈색을 띨 때까지 4~5분간 튀긴다. 잘 튀긴 다음 종이 행주에 올려 기름기를 걷어 낸다.

헤이즐넛을 튀긴 팬에 기름을 보충하고 시골빵을 튀긴 다음 종이 행주에 올려 기름기를 걷어 낸다. 빵을 조각조각 찢는다.

헤이즐넛, 빵, 세리 식초, 초리세로 고추 페이스트를 대접에 담고 소금과 후추로 간한다. 손 블렌더로 갈아 거친 페이스트를 만든다.

남은 기름을 더해 매끈해질 때까지 간다.

페스토

냉장고에 2일, 냉동고에 6개월까지 두고 쓸 수 있다.

•

페스토 소스를 쓰는 요리:
페스토 파르팔레(192쪽)

	1.6kg 분	2.3kg 분
생바질	425g	1.6kg
마늘	25g	100g
잣	120g	435g
엑스트라버진 올리브기름	190ml	700ml
올리브기름	425ml	1.6L
페코리노 치즈, 곱게 간다	50g	200g
파르미지아노 치즈, 곱게 간다	230g	870g

Start →

생바질은 잎을 딴다. 시들거나 멍든 잎은 버린다.

소스팬에 물을 끓여 바질 잎을 담근다.

바질 잎을 시들 때까지 5초가량 데친다.

체에 올려 만질 수 있을 만큼 식으면 물기를 짜서 따로 둔다.

마늘을 반으로 썬다. 작은 소스팬에 찬물을 담고 마늘을 더해 불에 올려 끓인다.

물이 끓으면 마늘을 건져 얼음물에 담가 식힌다.

Continue →

바질을 굵게 썬다.

바질, 잣, 데친 마늘, 두 종류의 올리브기름을 큰 대접에 담는다.

손 블렌더로 갈아 거친 소스를 만든다.

곱게 간 두 종류의 치즈를 소스에 섞고 소금으로 간한다.

작은 용기에 담아 보관한다.

바비큐 소스

냉장고에 1주일, 냉동고에 6개월까지 두고 쓸 수 있다.

•

당밀은 걸쭉하고 짙은 색의 시럽이다.

•

바비큐 소스를 쓰는 음식:
바비큐 소스로 맛을 낸 돼지갈비 조림(262쪽)

	1.5kg분	5kg분
적양파	1.2kg	4kg
마늘	15g	50g
레몬그라스	30g	100g
생강	65g	250g
오렌지	450g	1.5kg
흑설탕	270g	900g
당밀	120g	400g
꿀(묽은 것)	120g	400g
셰리 식초	150g	500g
디종 머스터드	60g	200g
우스터 소스	15g	50g
토마토 케첩	800g	3kg
다진 토마토(통조림)	1.2kg	4kg

Start →

적양파를 대강 썬다.

밀대나 무거운 조리 도구로 마늘, 레몬그라스, 생강을 으깬 뒤 곱게 썬다.

오렌지의 즙은 미리 짜 둔다.

큰 소스팬을 중불에 올려 기름을 두른다. 양파를 더해 아주 노릇해질 때까지 5분간 볶는다.

으깬 마늘을 더해 3분간 더 볶는다.

흑설탕, 짜 둔 오렌지즙, 당밀을 더해 3분간 끓인다.

Continue →

꿀을 붓는다.

생강과 레몬그라스를 더한다.

셰리 식초, 디종 머스터드, 우스터 소스, 토마토 케첩을 더한다.

다진 토마토를 더해 30분간 보글보글 끓인다.

소금으로 간한다.

눈이 고운 체에 내려 식힌다.

데리야키 소스

냉장고에 15일, 냉동고에 6개월까지 두고 쓸 수 있다.

•

데리야키 소스를 쓰는 음식:
데리야키 삼겹살(302쪽)

	1kg분	4kg분
레몬그라스	75g	200g
생강	30g	100g
닭 육수(57쪽 참조)	400ml	1.5L
간장	400ml	1.5L
설탕	600g	2kg
꿀(묽은 것)	400g	1.5kg

Start →

밀대나 무거운 조리 도구로 레몬그라스와 생강을 으깬 뒤 곱게 썬다.

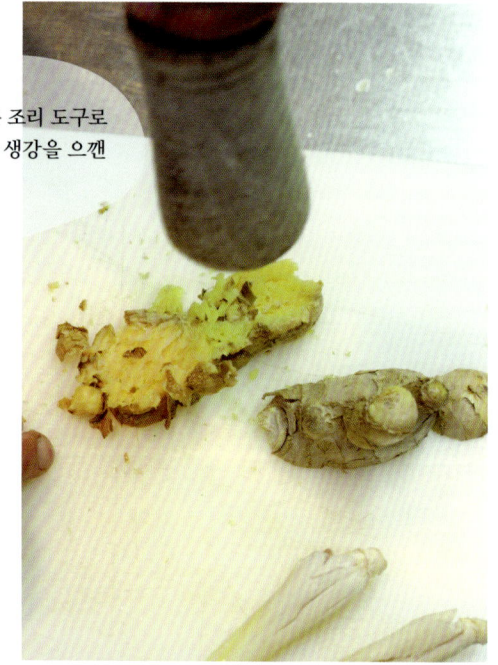

큰 소스팬에 닭 육수와 간장, 설탕을 담는다.

꿀을 더한다.

으깬 레몬그라스와 생강을 더한다. 팬을 중불에 올려 끓기 시작하면 15분간 그대로 둔다.

체에 걸러 둔다.

치미추리 소스

치미추리는 파슬리, 마늘, 스파이스, 올리브기름과 식초로 만드는 소스다. 남아메리카에서 온 음식으로서 스테이크와 종종 내지만, 모든 종류의 통구이 또는 그릴 구이 고기와도 잘 어울린다.

•

냉장고에 15일, 냉동고에 6개월까지 두고 쓸 수 있다.

•

치미추리 소스를 쓰는 음식:
치미추리 소스로 맛을 낸 오리 가슴살(226쪽)

	3.5L분	7L분
양파	375g	750g
마늘	100g	200g
생파슬리, 곱게 다진다	150g	300g
토마토(익은 것), 작게 깍둑 썬다	1.5kg	3kg
작은 고추, 다진다	2개	4개
타임(말린 것)	5g	10g
오레가노(말린 것)	25g	50g
커민 가루	2g	5g
파프리카 가루	12g	25g
굵은 소금	35g	75g
레몬	1개	2개
셰리 식초	125g	250g
샤도네이 식초	250g	500g
올리브기름	750g	1.5L
식용유	500g	1L
물	750g	1.5L

Start →

양파와 마늘을 아주 곱게 썰어 큰 대접에 담는다. 곱게 다진 생파슬리는 잎을 대접에 더한다.

썬 토마토와 다진 고추를 허브류와 향신료류, 굵은 소금과 섞는다. 레몬의 겉껍질(제스트)을 곱게 갈아 내 더한다.

두 종류의 식초와 식용유, 물을 부어 마무리한다.

크루통

여기서는 튀긴 크루통 레시피를 소개하지만,
구운 크루통을 만들고 싶다면
오븐을 170℃로 예열하고
제과제빵팬에 크루통을
펴담아 8~10분간 굽는다.

•

크루통을 쓰는 요리:
시저 샐러드(72쪽)
가스파초(270쪽)
생선 수프(320쪽)

	100g분	400g분
시골빵	3쪽	20쪽
엑스트라버진 올리브기름	500ml	1L

Start →

시골빵을 사방 1.5cm 크기의 정사각형으로 썬다.

우묵한 팬에 엑스트라버진 올리브기름을 담아 중불에 올려 달군다.

기름이 뜨거우면 썬 빵을 나눠 담가 노릇하고 바삭해질 때까지 6~8분간 튀긴다.

체나 구멍 뚫린 국자로 크루통을 건진다.

종이 행주에 올려 기름기를 걷어 낸다.

뜨겁거나 차게 낸다.

아이올리

프랑스 남부 음식인 아이올리는 마늘, 달걀, 기름으로 만들며 마요네즈 같은 걸쭉한 소스다.

•

아이올리를 쓰는 요리:
고등어와 감자 스튜(84쪽)
게와 쌀 스튜(204쪽)
한치먹물밥(272쪽)

	1.5L분
마늘	5쪽
달걀	8개
엑스트라버진 올리브기름	1.25L

Start →

마늘을 깐다.

깐 마늘을 반으로 가르고 연한 녹색의 싹이 나 있다면 발라낸다.

달걀과 마늘을 깊은 대접에 담는다.

손 블렌더로 매끈해질 때까지 섞는다.

블렌더를 돌리며 엑스트라버진 올리브기름을 조금씩 더한다. 소금으로 간한다.

아이올리는 마요네즈처럼 걸쭉하고 크림처럼 부드러워야 한다.

육수

고체든 액체든 기성품을 사서 쓰거나, 아니면 집에서 육수를 낼 수도 있다. 고형 농축 큐브는 끓는 물에 녹이면 바로 육수가 된다. 셰프들은 이런 육수를 쓰지 않으려 하지만 싸고 간편하므로 가정에서는 쓸 만하다. 한편 고기나 효모 농축액으로 감칠맛을 더한 육수도 있다. 액체 기성품은 물을 타서 쓰는 농축액도, 바로 쓸 수 있도록 자연스러운 농도로 만든 제품도 있다. 여기서는 집에서 우리는 육수를 위한 레시피를 소개한다. 품은 가장 많이 들지만 그만큼 맛있다.

집에서 우리는 육수 맛은 팬의 크기에 따라 결정된다. 가정용 팬은 가장 큰 게 9L 안팎이다. 좋은 재료를 잔뜩 채워 우리면 9L 솥으로 6L의 육수를 우릴 수 있고, 이를 식힌 뒤 500mL씩 소분해 얼려 두고 쓴다. 육수를 만들기 위해 반드시 많은 시간과 노력이 필요한 것은 아니다. 생선 육수는 30분, 대부분의 고기 육수는 2시간 30분이면 충분히 우려낸다. 육수가 보글보글 끓기 시작하면 그대로 두고 다른 일을 할 수 있다. 육수를 우려 거른 뒤 뼈와 다른 재료를 버리지 말고 한 번 더 우려(엘불리에서는 2차 육수라 부른다.) 다음 육수를 끓일 때 쓰면 더 깊은 맛을 낼 수 있다. 생선 뼈는 다시 우리면 쓴맛이 나기 때문에 두 번 끓이지 않는다.

집에서 우린 육수는 냉장고에 2일, 냉동고에 3개월간 두고 쓸 수 있다.

55 - 기본 레시피

생선 육수

생선 육수는 흰살 생선과 갑각류를 적절히 섞어 만들 수 있다. 또한 게를 넣고 우려도 맛이 아주 좋아진다.

•

생선 육수를 쓰는 요리:
고등어와 감자 스튜(84쪽)
조개와 콩 수프(102쪽)
게와 쌀 스튜(204쪽)
한치먹물밥(272쪽)
렌틸콩 연어 스튜(352쪽)
홍합 국수 수프(372쪽)

	3L분
올리브기름	25ml
게	400g
생선	1.7kg
물	4L

Start →

아주 큰 소스팬을 중불에 올려 올리브기름을 두른다. 게를 넣고 3~5분간 익힌다.

생선을 더한다.

재료가 잠길 만큼 물을 붓고 보글보글 끓인다.

표면에 올라오는 거품을 걷어 낸다.

20분간 보글보글 끓인 뒤 고운 체에 내린다.

식힌 다음 용기에 담아 보관한다.

닭 육수

닭 육수를 쓰는 요리:
비시슈와즈(92쪽)
버섯 사프란 리소토(132쪽)
빵과 마늘 수프(212쪽)
달걀 올린 시금치와 병아리콩 수프(300쪽)
오리 죽(342쪽)

	2L분
양파, 반으로 가른다	130g
당근, 길게 반으로 가른다	80g
셀러리, 길게 반으로 가른다	40g
닭 잔해, 손질한다	1.25kg (4마리분)
물	5L

Start →

반으로 가른 양파, 당근, 셀러리와 손질한 닭 잔해를 아주 큰 소스팬에 담는다.

물을 붓고 끓인다.

표면에 올라오는 거품을 걷어 낸다.

2시간 30분간 보글보글 끓인다.

닭과 채소를 건져 내고 눈이 고운 체에 내린다.

소 육수

소 육수를 쓰는 요리:
오소부코(154쪽)

	2L분
양파, 반으로 가른다	130g
당근, 길게 반으로 가른다	80g
셀러리, 길게 반으로 가른다	40g
쇠고기(자투리나 정강이처럼 싼 부위)	1kg
쇠뼈(날 것)	2.7kg
물	5L

Start → 반으로 가른 양파, 당근, 셀러리와 쇠고기, 쇠뼈를 아주 큰 소스팬에 담는다.

물을 붓고 끓인다.

표면에 올라오는 거품을 걷어 낸다.

2시간 30분간 보글보글 끓인다.

눈이 고운 체에 내려 식힌 뒤 용기에 담아 보관한다.

햄 육수

정육점에서 염장한 햄의 뼈를 구입한다.
발라낸 살은 다른 요리에 쓴다.

•

햄 육수를 쓰는 요리:
완두콩과 햄(280쪽 참조)

	2L분
햄 뼈	1.35kg
물	4L

Start →

뼈에서 살을 최대한 발라내고 큰 소스팬에 담는다.

물을 붓고 끓인다.

표면에 올라오는 거품을 걷어 낸다.

1시간 30분간 보글보글 끓인다.

고운 체에 내린다.

표면의 기름을 걷어 내고 용기에 담아 보관한다.

The meals

식사

Meals & Recipes
식사 메뉴와 레시피

식사 1
-
시저 샐러드
-
치즈버거와 감자 칩
-
산티아고 케이크
-

식사 2
-
볼로냐식 파스타
-
고등어와 감자 스튜
-
초콜릿 쿠키
-

식사 3
-
비시슈와즈
-
머스터드와 박하 양고기 조림
-
초콜릿 트러플
-

식사 4
-
조개와 콩 수프
-
염장 대구와 채소 스튜
-
사과 오븐 통구이
-

식사 5
-
파르미지아노 폴렌타 그라탕
-
정어리 참깨 지짐과 당근 샐러드
-
화이트 초콜릿과 요구르트를 곁들인 망고
-

식사 6
-
바삭한 오믈렛
-
오븐 구이 파프리카와 돼지 등심 구이
-
코코넛 마카룬
-

식사 7
-
버섯 사프란 리소토
-
카탈루냐식 칠면조 조림
-
요구르트 거품과 딸기
-

식사 8
-
미소 드레싱 가지 구이
-
토마토 소스로 맛을 낸 소시지
-
크렘 카탈란
-

식사 9
-
라임에 재운 생선
-
오소부코
-
피냐 콜라다
-

식사 10
-
조개 미소국
-
비네그레트 고등어 구이
-
아몬드 비스킷
-

식사 11
-
튀긴 달걀과 아스파라거스
-
버섯 닭날개 구이
-
과일 상그리아
-

식사 12
-
감자 샐러드
-
태국식 쇠고기 커리
-
식초 캐러멜에 재운 딸기
-

식사 13
-
페스토 파르팔레
-
일본식 도미찜
-
쿠앵트로 소스로 맛을 낸 귤
-

식사 14
-
토마토 바질 샐러드
-
게와 쌀 스튜
-
코코넛 플란
-

식사 15
-
빵과 마늘 수프
-
멕시코식 느리게 익힌 돼지고기
-
키르슈 크림 무화과
-

식사 16
—
표고버섯 생상 볶음국수
—
치미추리 소스로 맛을 낸 오리 가슴살
—
피스타치오 커스터드

식사 17
—
로메스코 소스로 맛을 낸 감자 통구이
—
살사 베르데 명태
—
쌀 푸딩

식사 18
—
과카몰리와 토르티아 칩
—
멕시코식 닭고기 조림과 밥
—
부순 멘톨 사탕을 뿌린 수박

식사 19
—
토마토 바질 스파게티
—
마늘 기름 소스로 맛을 낸 생선 튀김
—
캐러멜 거품

식사 20
—
베샤멜 소스로 맛을 낸 콜리플라워
—
바비큐 소스로 맛을 낸 돼지갈비 조림
—
라임 시럽에 재운 바나나

식사 21
—
가스파초
—
한치먹물밥
—
초콜릿 올리브기름 빵

식사 22
—
완두콩과 햄
—
통닭구이와 감자채 튀김
—
당밀과 라임즙의 파인애플

식사 23
—
탈리아텔레 카르보나라
—
대구 튀김과 청고추 샌드위치
—
아몬드 수프와 아이스크림

식사 24
—
달걀 올린 시금치와 병아리콩 수프
—
데리야키 삼겹살
—
꿀과 크림을 곁들인 고구마
—

식사 25
—
샨티 크림을 곁들인 깍지콩과 감자
—
메추리와 쿠스쿠스
—
캐러멜화한 배

식사 26
—
생선 수프
—
소시지와 버섯
—
꿀과 바닷소금을 곁들인 오렌지

식사 27
—
파프리카로 맛을 낸 홍합찜
—
농어 오븐 구이
—
캐러멜 푸딩

식사 28
—
염장 햄과 멜론
—
오리 죽
—
초콜릿 케이크

식사 29
—
올리브기름 채소 오븐 구이
—
렌틸콩 연어 스튜
—
화이트 초콜릿 크림

식사 30
—
상추 구이
—
레드 와인 머스터드 송아지고기 조림
—
초콜릿 무스

식사 31
—
월돌프 샐러드
—
홍합 국수 수프
—
핑크 그레이프프루트와 멜론 박하 수프

식사 준비 요령

1. 요리에 들일 수 있는 시간이나 손님의 취향 등을 감안해 메뉴를 고른다. 이때 메뉴의 소요 시간을 먼저 확인한다. 대부분의 식사는 30분에서 2시간이면 3가지 요리를 전부 만들 수 있는데, 대체로 디저트가 가장 오래 걸린다. 디저트를 만들지 않는다면 30분을 넘기는 요리는 별로 없다.

2. 레시피와 재료 목록, 소요 시간을 주의 깊게 읽는다.

3. 이미 냉장고에 있는 재료가 있는지 장보기 목록을 꼼꼼히 살펴보며 확인한다.

4. 필요한 재료를 산다.

5. 레시피를 세심하게 따라 만든다.

나만의 메뉴 계획

완성도 높은 식사를 위해 레시피를 꼼꼼히 준비했지만, 만드는 이에 따라서는 다른 식사의 레시피를 조합해 새로운 식사를 준비해도 좋다. 혹은 좋아하지 않는 음식은 과감히 빼도 상관없다. 요리를 유형별로 분류한 아래의 목록을 참조해 메뉴를 계획하면 더 다양하고도 균형 잡힌 식사를 준비할 수 있다.

코스	요리 유형	레시피	참조 페이지	식사
차가운 전채	샐러드	라임에 재운 생선	152	9
		감자 샐러드	182	12
		시저 샐러드	72	1
		토마토 바질 샐러드	202	14
		염장 햄과 멜론	340	28
		월도프 샐러드	370	31
	수프	가스파초	270	21
		비시슈와즈	92	3
	채소	과카몰리와 토르티아 칩	240	18
따뜻한 전채	쌀과 파스타	탈리아탈레 카르보나라	290	23
		토마토 바질 스파게티	250	19
		페스토 파르팔레	192	13
		볼로냐식 파스타	82	2
		표고버섯 생강 볶음국수	222	16
		파르미지아노 폴렌타 그라탕	112	5
		버섯 사프란 리소토	132	7
	달걀	튀긴 달걀과 아스파라거스	172	11
		감자 칩 오믈렛	122	6
	콩류	달걀 올린 시금치와 병아리콩 수프	300	24
		조개와 콩 수프	102	4
	수프	조개 미소국	162	10
		빵과 마늘 수프	212	15
		생선 수프	320	26
	조개류	파프리카로 맛을 낸 홍합찜	330	27
	채소	미소 드레싱 가지 구이	142	8
		상추 구이	360	30
		베샤멜 소스로 맛을 낸 콜리플라워	260	20
		올리브기름 채소 오븐 구이	350	29
		완두콩과 햄	280	22
		로메스코 소스로 맛을 낸 감자 통구이	232	17
		샹티 크림을 곁들인 깍지콩과 감자	310	25

코스	요리 유형	레시피	참조 페이지	식사
주요리	쌀과 파스타	게와 쌀 스튜	204	14
		오리 죽	342	28
		한치먹물밥	272	21
		홍합 국수 수프	372	31
	닭고기	버섯 닭날개 구이	174	11
		통닭구이와 감자채 튀김	282	22
		멕시코식 닭고기 조림과 밥	242	18
	칠면조고기	카탈루냐식 칠면조 조림	134	7
	오리고기	치미추리 소스로 맛을 낸 오리 가슴살	226	16
	메추리고기	메추리와 쿠스쿠스	312	25
	돼지고기	멕시코식 느리게 익힌 돼지고기	214	15
		소시지와 버섯	322	26
		오븐 구이 파프리카와 돼지 등심 구이	124	6
		바비큐 소스로 맛을 낸 돼지갈비 조림	262	20
		데리야키 삼겹살	302	24
		토마토 소스로 맛을 낸 소시지	144	8
	양고기	머스터드와 박하 양고기 조림	94	3
	쇠고기	치즈버거와 감자 칩	74	1
		태국식 쇠고기 커리	184	12
	송아지고기	레드 와인과 머스터드 송아지고기 조림	362	30
		오소부코	154	9
	생선	렌틸콩 연어 스튜	352	29
		고등어와 감자 스튜	84	2
		일본식 도미찜	194	13
		비네그레트 고등어 구이	164	10
		농어 오븐 구이	332	27
		대구 튀김과 청고추 샌드위치	292	23
		살사 베르데 명태	233	17
		마늘 기름 소스로 맛을 낸 생선 튀김	252	19
		염장 대구와 채소 스튜	104	4
		정어리 참깨 지짐과 당근 샐러드	114	5
디저트	크림을 바탕으로 한 디저트	크렘 카탈란	146	8
		캐러멜 거품	254	19
		코코넛 플란	206	14
		피스타치오 커스터드	227	16
		아몬드 수프와 아이스크림	294	23
	초콜릿을 활용한 디저트	초콜릿 쿠키	86	2
		화이트 초콜릿 크림	354	29
		초콜릿 무스	364	30
		초콜릿 올리브기름 빵	274	21
		초콜릿 케이크	344	28
		초콜릿 트러플	96	3
	과일을 활용한 디저트	식초 캐러멜에 재운 딸기	186	12
		키르슈 크림 무화과	217	15

코스	요리 유형	레시피	참조 페이지	식사
디저트	과일을 활용한 디저트	쿠앵트로 소스로 맛을 낸 귤	197	13
		화이트 초콜릿과 요구르트를 곁들인 망고	116	5
		사과 오븐 통구이	106	4
		꿀과 바닷소금을 곁들인 오렌지	324	26
		캐러멜화한 배	314	25
		피냐 콜라다	157	9
		당밀과 라임즙의 파인애플	284	22
		라임 시럽에 재운 바나나	264	20
		부순 멘톨 사탕을 뿌린 수박	245	18
		과일 상그리아	176	11
		핑크 그레이프프루트와 멜론 박하 수프	374	31
	기타	쌀 푸딩	235	17
		요구르트 거품과 딸기	136	7
		아몬드 비스킷	166	10
		코코넛 마카룬	126	6
		산티아고 케이크	76	1
		캐러멜 푸딩	334	27
		꿀과 크림을 곁들인 고구마	304	24

Meal 1 식사 1

Caesar salad
시저 샐러드

—

Cheeseburger & potato crisps
치즈버거와 감자 칩

—

Santiago cake
산티아고 케이크

재료

살 재료
* 로메인, 코스 또는 아이스버그 양상추(일반 양상추나 상추도 쓸 수 있다. —옮긴이)
* 쇠고기(간 것)
* 햄버거 빵
* 양파, 토마토 등의 부재료
* 레몬

찬장의 재료
* 마늘
* 안초비(올리브기름에 재운 것)
* 셰리 식초
* 식용유
* 소금
* 백후추
* 올리브기름
* 크루통(52쪽 참조)
* 감자 칩
* 피클(또는 기타 햄버거를 위한 양념)
* 밀가루
* 설탕
* 아몬드 가루
* 계핏가루
* 가루 설탕

냉장고의 재료
* 파르미지아노 치즈
* 지방을 걷어 내지 않은 우유
* 달걀
* 슬라이스 치즈
* 버터

시저 샐러드

치즈버거와 감자 칩

산티아고 케이크

메뉴 계획

식사 전 시간

4

3½

3

2½

2시간 전
산티아고 케이크를 만들어 식힌다.

버거 패티를 만들어 냉장고에 둔다.

2

1½

1

30분 전
시저 드레싱을 만들고 양상추를 씻는다.

케이크를 팬에서 꺼내 자르고 가루 설탕을 솔솔 뿌린다.

½

5분 전
패티를 굽는다.

먹기 직전
시저 샐러드를 버무려 접시에 담는다.

햄버거 빵을 굽고 취향에 따라 치즈버거를 만든다.

식사 시작

시저 샐러드

크루통을 직접 만들고 싶다면 52쪽을 참조하라.

•

식용유 대신 순한 올리브기름을, 로메인 대신 아이스버그나 코스 양상추를 쓸 수 있다.

•

맛있는 시저 샐러드의 비밀은 2가지다. 좋은 재료를 쓰고 먹기 직전에 버무린다.

	2인분	6인분	20인분	75인분
드레싱:				
마늘	½쪽	1½쪽	4쪽	12쪽
안초비(올리브기름에 재운 것), 건진다	2쪽	6쪽	40g	140g
달걀노른자	1개분	2개분	3개분	12개분
식용유	50ml	200ml	600ml	1.5L
셰리 식초	2작은술	2큰술	8ml	30ml
파르미지아노 치즈, 곱게 간다	20g	40g	120g	300g
샐러드:				
로메인 상추	작은 것 1통	1½통	2kg	7.5kg
파르미지아노 치즈, 곱게 간다	20g	60g	150g	500g
크루통	30g	50g	300g	1kg

Start →

마늘, 안초비, 달걀노른자를 깊은 단지에 담는다.

손 블렌더로 매끈하게 섞는다.

계속 섞으며 식용유를 흘려 넣어 마요네즈처럼 매끈하고 걸쭉한 소스를 만든다. 셰리 식초를 섞는다.

곱게 간 파르미지아노 치즈 (드레싱용)를 섞는다.

치즈버거와 감자 칩

잘 만든 기성품 패티를 쓰면 버거를 더욱 쉽게 만들 수 있다. 직접 만든다면 지방이 10%가량 섞인, 품질 좋은 목심을 쓴다.

•

양파, 토마토, 피클, 머스터드, 케첩 등 원하는 고명이나 양념을 더해 먹을 수 있다. 캐러멜화한 양파도 잘 어울린다. 양파를 얇게 썰어 기름을 살짝 두른 팬에 부드럽고 아주 노릇해질 때까지 1시간가량 살포시 볶는다.

	2인분	6인분	20인분	75인분
흰 빵, 껍질을 벗겨 낸다	7g	20g	65g	250g
지방을 걷어 내지 않은 우유	1½작은술	20ml	65ml	250ml
쇠고기(간 것)	250g	660g	2.2kg	8kg
달걀	½개	1개	4개	15개
소금	¼작은술	1작은술	22g	80g
백후추, 곱게 간다	1자밤	¼작은술	6g	20g
올리브기름	2큰술	6큰술	400ml	1.5L
버거 빵, 반으로 가른다	2개	6개	20개	75개
슬라이스 체다 치즈	2장	6장	20장	75장
감자 칩	50g	150g	500g	2kg

Start →

빵을 찢어 우유에 5분간 불린다.

쇠고기, 달걀, 불린 빵, 소금, 곱게 간 백후추를 큰 대접에 섞는다.

손으로 고르게 잘 섞는다.

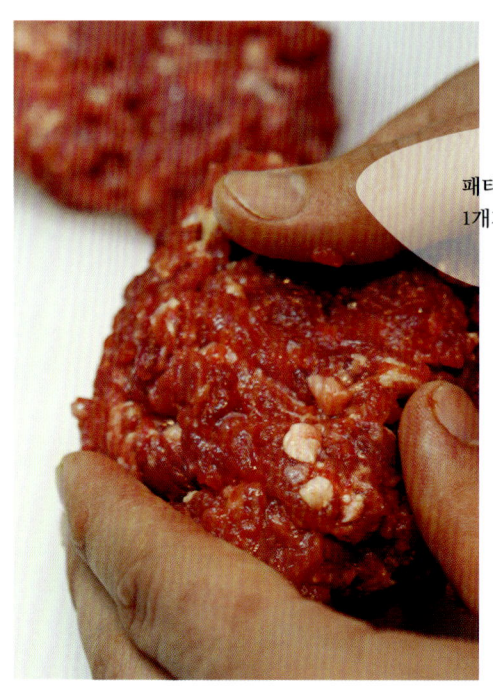

패티(135g짜리)를 빚는다. 1개가 1인분이다.

Continue →

올리브기름을 둘러 중불에 달군 팬이나 뜨거운 그릴에 패티를 올려 굽는다. 중간에 한 번 뒤집는다.

레어는 3분, 미디엄은 5분, 웰던은 8분 굽는다.

반으로 가른 버거 빵을 기름을 두르지 않은 팬이나 그릴에 살짝 굽는다.

패티에 슬라이스 치즈를 1장씩 얹는다.

스패츌라로 패티를 빵에 올린다.

뚜껑을 덮는다.

원하는 고명이나 양념을 더한다.

감자 칩을 곁들인다.

산티아고 케이크

전통적인 아몬드 케이크로,
16세기에 북서부 스페인의 도시
산티아고데콤포스텔라에서 비롯되었다.

•

디저트 와인이나 포트 와인으로 맛을 낼 수도 있다.
아몬드 가루를 섞을 때 2큰술 더한다.

•

완성도가 떨어지니
12인분(케이크 1개) 이하로는 만들지 않는다.
남은 케이크는 밀폐 용기에
4일간 두고 먹을 수 있다.

	2인분	12인분 (케이크 1개)	20인분	75인분
버터	–	1큰술	10g	30g
밀가루	–	1큰술	10g	30g
왕란(70g짜리)	–	3개	6개	22개
설탕	–	150g	300g	1kg
아몬드 가루	–	150g	300g	1kg
계핏가루	–	1자밤	1.5g	5g
레몬	–	½개	1개	2개
가루 설탕	–	1큰술	30g	90g

Start →

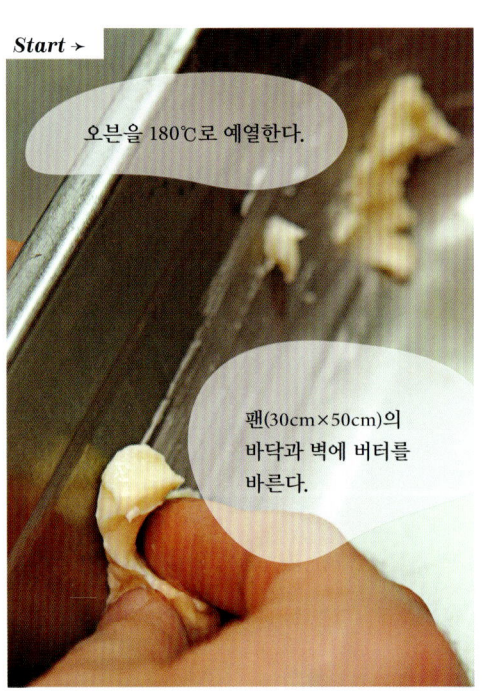

오븐을 180℃로 예열한다.

팬(30cm×50cm)의 바닥과 벽에 버터를 바른다.

밀가루를 뿌리고 팬을 두들겨 바닥에 골고루 입힌다. 나머지는 버린다. 팬 바닥에 유산지를 깐다.

달걀을 깨서 대접에 담고 설탕을 더한다.

스탠딩 믹서나 전기 손 거품기로 달걀과 설탕을 걸쭉한 거품이 될 때까지 5분간 휘저어 올린다.

Continue →

아몬드 가루에 계핏가루를 섞는다.

레몬 겉껍질을 곱게 갈아 더한 뒤 고루 섞는다.

아몬드 가루를 달걀과 설탕에 더한다. 스패출라로 공기가 빠지지 않도록 조심스레 포개듯 섞는다.

준비한 팬에 반죽을 붓는다.

팬 바닥에서 1.5cm 높이 정도까지 채우면 된다.

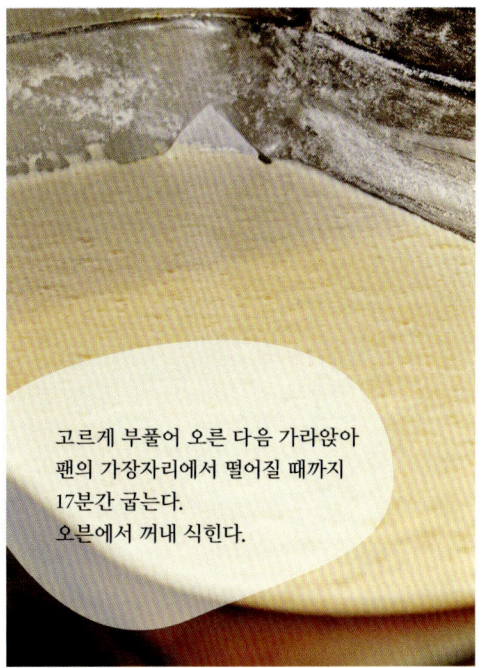

고르게 부풀어 오른 다음 가라앉아 팬의 가장자리에서 떨어질 때까지 17분간 굽는다.
오븐에서 꺼내 식힌다.

케이크를 틀에서 꺼내 적당히 등분한다.

고운 체로 가루 설탕을 내려 솔솔 뿌린 뒤 낸다.

Meal 2 식사 2

Pasta bolognese
볼로냐식 파스타

–

Mackerel & potato stew
고등어와 감자 스튜

–

Chocolate cookies
초콜릿 쿠키

볼로냐식 파스타

고등어와 감자 스튜

재료

살 재료
* 고등어
* 토마토(익은 것)
* 생파슬리
* 햇감자

찬장의 재료
* 마늘
* 소금
* 파스타
* 엑스트라버진 올리브기름
* 파프리카 가루(순한 맛)
* 흑후추
* 옥수수 전분
* 바닐라
* 설탕
* 다크 초콜릿(코코아 75%)
* 화이트 초콜릿
* 밀가루
* 오향 가루
* 즉석 커피

냉장고의 재료
* 파르미지아노 치즈
* 아이올리(53쪽 참조)
* 달걀
* 버터

냉동고의 재료
* 볼로네제 소스(44쪽 참조)
* 생선 육수(56쪽 참조)

초콜릿 쿠키

| 메뉴 계획 | 식사 전 시간 |

1시간 이상 전
쿠키 반죽을 만들어 얼린다.

1시간 전
스튜를 끓일 생선, 감자, 마늘, 허브, 토마토를 손질한다.

30분 전
스튜를 위한 소스를 만들기 시작한다.

20분 전
스튜에 감자를 더한다.

쿠키를 구울 오븐을 예열한다.

볼로네제 소스를 데운다.

10분 전
파스타를 삶는다.

먹기 직전
쿠키 반죽을 잘라 굽는다.

파스타를 건져 기름에 버무린다.

파스타를 먹는 동안 스튜에 고등어를 더한다.

주요리 먹기 직전
스튜 소스를 걸쭉하게 만들고 마요네즈와 파슬리를 더한다.

시간 눈금: 4, 3½, 3, 2½, 2, 1½, 1, ½ — 식사 시작 — 주요리

볼로냐식 파스타

볼로네제 소스는
미리 만들어 얼릴 수 있다.
물론 미리 해동해야 한다.

•

어떤 파스타를 써도 상관없지만,
이탈리아에서 볼로네제 소스는
탈리아텔레와 먹는 게 전통이다.

	2인분	6인분	20인분	75인분
볼로네제 소스(44쪽 참조)	175g	540g	2kg	7.5kg
물	1.5L	3L	6L	22L
소금	3작은술	30g	60g	220g
펜네 파스타	180g	540g	1.8kg	7kg
파르미지아노 치즈	60g	180g	600g	2kg
엑스트라버진 올리브기름	3큰술	120ml	400ml	1.5L

Start →

볼로네제 소스를 큰 팬에 담아 중불에 올린다.

가끔씩 저으며 보글보글 끓인다.

큰 팬에 물을 끓여 소금 간을 한 뒤 펜네 파스타를 더한다.

한 번 저은 다음 부드럽지만 심이 씹힐 정도로 8~10분간 삶는다. (포장지의 조리법을 참조한다.)

Continue →

펜네 파스타를 삶는 동안 파르미지아노 치즈를 곱게 간다.

펜네 파스타를 건진다.

면발이 서로 붙지 않도록 팬을 기울여 올리브기름에 버무린다.

펜네 파스타를 접시에 담고 볼로네제 소스를 한 국자 올린다.

각자 취향대로 뿌려 먹을 수 있도록 파르미지아노 치즈를 따로 낸다.

고등어와 감자 스튜

수켓suquet이라 부르는 전통적인 카탈루냐 스튜로 토마토, 파프리카, 파슬리로 국물을 낸다.

•

생선 비늘을 벗기거나 내장을 발라내는 손질은 생선 가게에 부탁해도 좋다.

•

아이올리 대신 피카다(41쪽 참조)나 마요네즈로 맛을 내도 좋다.

•

마늘, 기름, 파슬리와 토마토의 조합은 즉석 소프리토나 다름없다.

	2인분	6인분	20인분	75인분
고등어(350g짜리)	1마리	3마리	10마리	38마리
햇감자	250g	750g	2.5kg	9kg
마늘	2쪽	5쪽	50g	150g
토마토, 굵게 간다	1½큰술	4큰술	1kg	4kg
올리브기름	1½큰술	3큰술	250ml	700ml
생파슬리, 곱게 다진다	1½큰술	3큰술	85g	325g
파프리카 가루(단맛)	1작은술	3작은술	50g	180g
생선 육수(56쪽 참조)	400ml	1.2L	4L	12L
옥수수 전분	1작은술	2작은술	80g	250g
아이올리(53쪽 참조)	½작은술	1작은술	100g	300g

Start →

고등어의 머리와 꼬리지느러미를 잘라 낸다.

배를 칼로 가르고 손이나 숟가락으로 내장을 발라낸다.

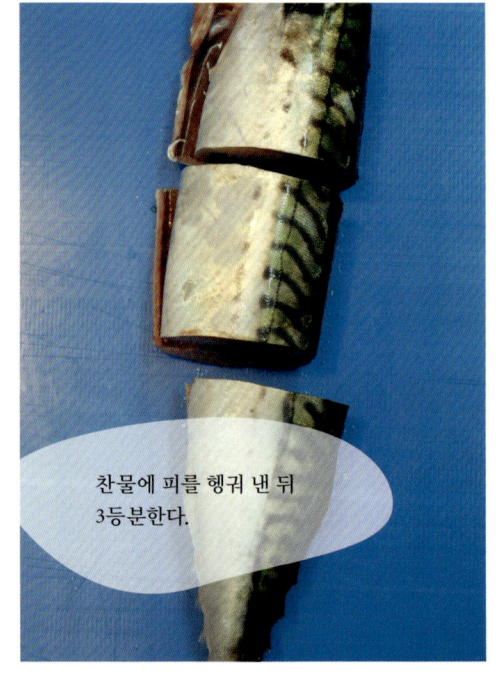

찬물에 피를 헹궈 낸 뒤 3등분한다.

햇감자를 3cm 두께로 썬다.

마늘을 곱게 다진다.

갈아 둔 토마토의 과육을 체에 담고 대접을 15분간 받쳐 둔다. 즙은 버린다.

중불에 큰 팬을 올려 올리브기름을 두르고 마늘을 볶는다.

Continue →

마늘이 노릇해지면 다진 파슬리 대부분과 갈아 둔 토마토 전부를 더한다.

5분간 볶은 뒤 파프리카 가루를 더한다.

감자를 더해 마늘, 토마토, 파프리카 가루를 잘 버무린다.

생선 육수 절반을 붓고 감자가 부드러워질 때까지 20분간 끓인다.

고등어를 소금과 후추로 간하고 팬에 더해 5분간 살포시 익힌다.

옥수수 전분에 찬물 약간을 더해 매끈한 물녹말을 만든다. 소스가 약간 걸쭉해지도록 물녹말을 더해 잘 섞는다. 감자와 고등어가 부스러지지 않도록 조심스레 젓는다.

생선살이 불투명해지고 등뼈에서 떨어질 때까지 5분간 살포시 익힌다. 그사이 아이올리에 국물을 조금 더해 풀었다가 팬에 더한다.

남은 다진 파슬리를 솔솔 뿌리고 소금 간을 봐서 마무리한다.

스튜를 얕은 대접에 담아 낸다.

초콜릿 쿠키

완성도가 떨어지니 20개 이하로는 쿠키를 만들지 않는 게 좋다. 몇 개만 구워 먹는다면 남은 반죽은 잘라 냉동 보관한다.

•

오향 가루는 중국의 향신료로 회향 가루, 카르다몸, 팔각, 초피, 계피로 이루어진다. 백화점의 식품 매장 등에서 살 수 있다.

•

전자레인지가 없다면 초콜릿을 내열 대접에 담아, 끓을락 말락 하는 물이 담긴 팬 위에 올려 녹인다.

	20개분	100개분
바닐라	¼개	1개
달걀	1개	5개
설탕	80g	400g
버터	2작은술	85g
다크 초콜릿(코코아 75%)	75g	825g
화이트와 다크 초콜릿 조각	25g	225g
밀가루	2작은술	85g
오향 가루	½작은술	1작은술
즉석 커피, 간다	½작은술	1작은술

Start →

바닐라를 반으로 갈라 칼로 씨를 긁어낸다.

달걀을 스탠딩 믹서의 대접에 담고 설탕을 더한다.

스탠딩 믹서나 손 믹서로 달걀을 풀고 설탕을 잘 섞는다. 바닐라 씨를 더한다.

달걀과 설탕이 걸쭉하고 크림처럼 부드럽도록 5분간 휘저어 섞는다.

그사이 버터와 다크 초콜릿 ⅔를 전자레인지 사용 가능 대접에 담는다. 녹아 부드러워질 때까지 '강'으로 1~2분간 돌린다. 30초마다 멈추고 섞는다.

화이트 초콜릿과 남은 다크 초콜릿을 굵게 다진다.

Continue →

녹은 초콜릿과 버터를 달걀과 설탕에 붓고 매끄러워질 때까지 섞는다.

밀가루, 오향 가루, 간 즉석 커피를 섞는다.

쿠키 반죽에 포개듯 섞는다.

다진 초콜릿을 포개듯 섞는다.

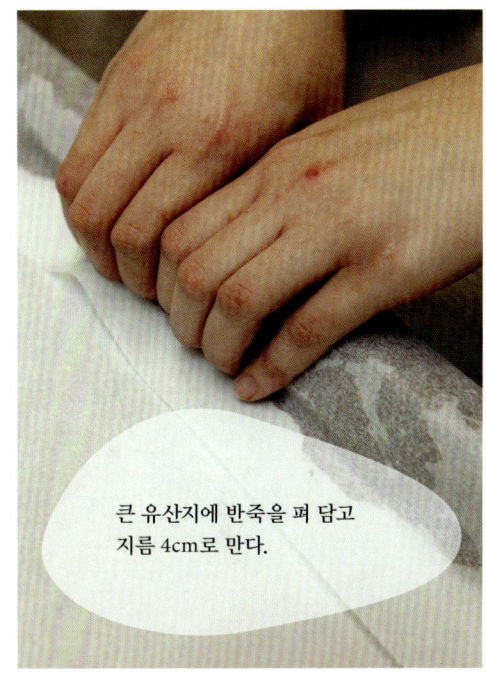

큰 유산지에 반죽을 펴 담고 지름 4cm로 만다.

반죽이 단단해질 때까지 1시간가량 냉동고에 둔다. 종이를 벗겨 내고 1cm 두께로 썬다.

오븐을 180℃로 예열한다.

유산지를 두른 제과제빵팬에 반죽을 올려 10분간 굽는다.

식힘망에 올려 식혔다가 낸다.

Meal 3 식사 3

Vichyssoise
비시슈와즈

—

Lamb with mustard & mint
머스터드와 박하 양고기 조림

—

Chocolate truffles
초콜릿 트러플

비시슈와즈

머스터드와 박하 양고기 조림

재료

살 재료
* 작은 적양파
* 서양 대파
* 통 양 목뼈
* 생박하

찬장의 재료
* 감자
* 소금
* 흑후추
* 크루통
* 엑스트라버진 올리브기름
* 통알곡(홀그레인) 머스터드
* 간장
* 우스터 소스
* 다크 초콜릿(코코아 60%)
* 브랜디
* 코코아 가루

냉장고의 재료
* 지방을 걷어 내지 않은 우유
* 달걀
* 버터
* 생크림(유지방 35%)

냉동고의 재료
* 닭 육수(57쪽 참조)

초콜릿 트러플

메뉴 계획	식사 전 시간
	4
3시간 30분 전 양고기 조림을 준비해 오븐에 넣는다.	3½
	3
	2½
2시간 또는 그 이전 비시슈와즈의 양파와 서양 대파를 부드럽게 볶고 감자와 육수를 더해 뚜껑을 덮고 끓인다. 초콜릿 트러플 재료를 섞어 녹인 뒤 식힌다.	2 1½
1시간 전 비시슈와즈를 갈아 체에 내려 냉장고에 식힌다. 트러플의 모양을 빚어 코코아 가루를 입힌다.	1
20분 전 비시슈와즈의 달걀을 삶아 얼음물에 식힌다. 10분 전 크림을 넣어 비시슈와즈를 마무리한다. 달걀 껍질을 벗긴다.	½
	식사 시작
주요리 먹기 직전 양파를 곱게 다져 양 스튜 위에 솔솔 뿌린다.	
	주요리

비시슈와즈

비시슈와즈는 프랑스의 전통 수프로,
서양 대파와 감자로 끓인다.

•

달걀을 저온 조리하면
매끄럽고 부드럽게 익는다.
63℃의 따뜻한 물에 40분간 담가 둔다.

•

기성품 크루통을 쓰면 시간을 절약할 수 있다.
직접 만들어 쓰고 싶으면 52쪽을 참조하라.

	2인분	6인분	20인분	75인분
감자	½개	200g	800g	2.64kg
적양파	½개	1개	330g	1kg
서양 대파	1대	2대	1.1kg	3.4kg
버터	1½큰술	100g	400g	1.2kg
닭 육수(57쪽 참조)	400ml	1L	2.5L	8L
달걀	2개	6개	20개	75개
생크림(유지방 35%)	40ml	240ml	800ml	3L
크루통	2큰술	4큰술	300g	1kg
엑스트라버진 올리브기름	1작은술	1큰술	50ml	190ml

Start →

감자를 잘게 썰어 쓰기 전까지 찬물에 담가 둔다.

적양파를 얇게 썬다.

서양 대파는 짙은 녹색의 잎을 다듬고 길게 반으로 가른다.
흐르는 물에 흙이나 모래를 씻는다.

얇게 썬다.

큰 소스팬을 약불에 올려 버터를 녹이고 썬 적양파를 더한다. 부드럽지만 노릇해지지는 않을 때까지 5분간 볶는다.

얇게 썬 서양 대파를 더해 종종 저으며 물러질 때까지 10분간 더 볶는다.

그사이 큰 팬에 닭 육수를 붓고 끓인다.

감자를 적양파와 서양 대파에 더한다.

뜨거운 육수를 붓고 뚜껑을 덮어 30분간 더 보글보글 끓인다.

팬에 물을 끓여 달걀을 3분간 삶는다.

얼음물에 달걀을 식힌 뒤 껍데기를 벗긴다. 식탁에 내기 전까지 따뜻한 물에 담아 둔다.

수프를 30분간 끓인 뒤 손 블렌더로 크림처럼 부드럽고 매끈하게 간다.

고운 체에 수프를 내려 팬에 담아 식힌 뒤 아주 차가워질 때까지 냉장고에 둔다.

생크림을 수프에 더해 휘저어 섞고 소금과 후추로 간한다.

각 대접에 달걀을 올리고 완성된 비시슈와즈를 붓는다.

크루통을 흩뿌리고 엑스트라버진 올리브기름을 졸졸 뿌린다.

머스터드와 박하 양고기 조림

양 목뼈의 손질은
정육점 주인에게 부탁한다.
뼈에 붙은 비계를 발라낸 뒤
반으로 갈라, 크고 살점이 많이 붙은
촙chops을 두 쪽 만든다.

	2인분	6인분	20인분	75인분
생박하	8대	1단(작은 것)	2단	5단
양 목뼈, 길게 반으로 가른다	1대	3대	10대	38대
올리브기름	2큰술	80ml	270ml	800ml
통알곡(홀그레인) 머스터드	1큰술	3큰술	270g	800g
간장	1큰술	3큰술	120ml	360ml
우스터 소스	1큰술	3큰술	160ml	480ml
물	1L	1.5L	4.3L	16L

Start →

오븐을 180℃로 예열한다.
생박하 잎은 따서 둔다.

양고기를 소금과 후추로 간한다.

큰 프라이팬에 올리브기름을 둘러 센불에 달군다. 양고기를 양면 모두 노릇하게 지진다.

통구이팬에 담는다.

통알곡 머스터드를 양고기에 펴 바른다.

Continue →

간장, 우스터 소스, 물을 붓는다.

생박하 잎의 절반을 양고기에 얹고 은박지로 덮는다.

노릇하고 부드럽게 익을 때까지 양고기를 가끔 뒤집으며 3시간가량 굽는다.

남은 생박하 잎을 곱게 다진다.

양고기 위에 솔솔 뿌린다.

팬의 바닥에 깔린 소스를 양고기에 끼얹어 낸다.

초콜릿 트러플

버터와 같은 양의 누텔라를 더하면
초콜릿 헤이즐넛 트러플이 된다.

•

브랜디는 다른 리큐어로 바꿀 수 있다.

•

짤주머니에 담아 트러플을 만들 수 있다.
다만 짜기 쉽도록 냉장고에서
미리 꺼내 놓아야 한다.

	2인분 (트러플 8개)	6인분	20인분	75인분
다크 초콜릿(코코아 60%)	60g	120g	400g	1.2kg
생크림(유지방 35%)	60ml	120ml	400ml	1.2ml
버터, 작게 썬다	1작은술	2작은술	35g	100g
브랜디	½작은술	2작은술	18ml	50ml
코코아 가루	2큰술	4큰술	50g	100g

Start →

다크 초콜릿을 다져 큰 대접에 담는다.
생크림을 소스팬에 담아 끓인다.

뜨거운 크림을 초콜릿에 붓는다.

3분간 그대로 두어 초콜릿을 녹인
뒤 거품기로 크림처럼 부드럽고
매끈해지도록 휘저어 올린다.

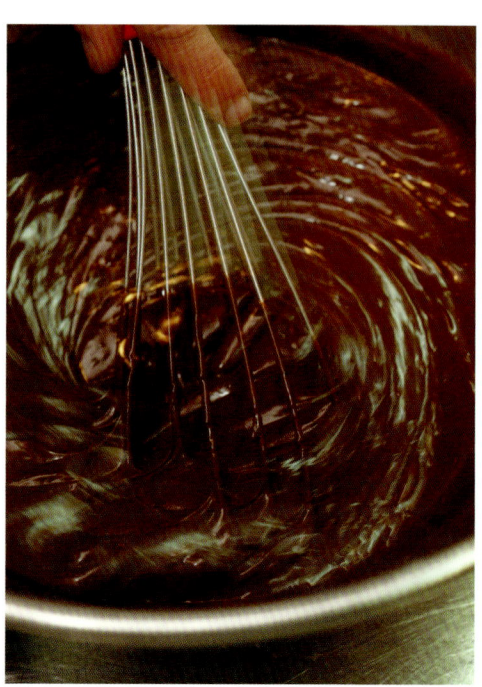

Continue →

버터를 섞는다.

브랜디를 붓고 매끄러워질 때까지 휘젓는다.

표면에 막이 생기지 않도록 가나슈에 랩을 씌우고 굳을 때까지 그대로 둔다.

작은 숟가락 2점으로 반죽을 15g 정도 떠내어 동그랗게 빚는다.

코코아 가루에 떨어트린다.

조심스레 굴려 가루를 입힌다.

상온에서 먹는 것이 좋다.

Meal 4 식사 4

Beans with clams
조개와 콩 수프

—

Salt cod & vegetable stew
염장 대구와 채소 스튜

—

Baked apples
사과 오븐 통구이

조개와
콩 수프

염장 대구와
채소 스튜

재료

살 재료
* 조개(작은 바지락)
* 빨간색 긴 파프리카(순한 맛)
* 녹색 긴 파프리카(순한 맛)
* 가지
* 애호박
* 큰 토마토(익은 것)
* 골든 딜리셔스 사과
* 염장 대구

찬장의 재료
* 흰 강낭콩(통조림)
* 소금
* 후추
* 양파
* 마늘
* 식용유
* 엑스트라버진 올리브기름
* 브랜디
* 꿀(묽은 것)
* 계핏가루
* 설탕

냉장고의 재료
* 버터
* 생크림(유지방 35%)

냉동고의 재료
* 생선 육수(56쪽 참조)
* 소프리토(43쪽 참조)
* 피카다(41쪽 참조)

사과 오븐 통구이

메뉴 계획	식사 전 시간
24시간 전 염장 대구를 용기에 담고 찬물을 부어 냉장고에서 불린다.	4 3½ 3 2½ 2
1시간 30분 전 조개를 물에 넣고 해감한다.	1½
1시간 전 사과를 손질해 오븐에 넣는다. 염장 대구 스튜를 만들어 보글보글 끓인다.	1
25분 전 콩을 익힌다.	½
10분 전 사과에 올릴 생크림을 거품기로 올린다.	
먹기 직전 바지락을 콩에 더한다.	식사 시작
주요리 먹기 직전 염장 대구를 채소에 더한다.	주요리

조개와 콩 수프

엘불리에서는 플란차다planchada라는 흰 콩을 쓴다.
이 콩은 크림처럼 부드러운 질감을 준다.
카넬리니콩이나 기타 흰 강낭콩도 좋다.

•

바지락 철이 아니라면
홍합이나 작은 맛조개를 써도 좋다.

•

수프처럼 먹는 음식이니 넓은 팬에 끓인다면
육수를 좀 더 넣어야 할 수도 있다.
많이 끓인다면 콩이 부스러지지 않도록
육수를 먼저 더한다.

	2인분	6인분	20인분	75인분
조개(작은 바지락)	160g	500g	1.6kg	6kg
소프리토(43쪽 참조)	2작은술	2큰술	300g	1kg
흰 강낭콩(통조림), 건진다	300g	900g	3kg	10kg
생선 육수(56쪽 참조)	400ml	1.5L	3L	7L
피카다(41쪽 참조)	2작은술	2큰술	110g	400g

Start →

죽거나 깨진 조개를 골라낸다.

큰 대접의 소금물에 조개를 담근다.

1시간가량 해감한다.

중불에 올린 큰 팬에 소프리토를 달군다.

흰 강낭콩을 더하고 생선 육수를 붓는다.

염장 대구와 채소 스튜

올리브기름에 채소를 익힌 전통 요리로서 카날루냐에서 삼파이나samfaina라고 부른다.

•

토스트에 스튜를 올려 오픈 샌드위치처럼 낼 수 있다.

•

염장대구의 염도는 제품마다 다르므로 생선 장수에게 불리는 시간에 대해 물어 본다. 물을 자주 갈아 주며 불린다.

	2인분	6인분	20인분	75인분
양파	70g	200g	700g	2.25kg
마늘	½쪽	2쪽	10g	25g
빨간색 긴 파프리카(순한 맛)	50g	150g	500g	2kg
녹색 긴 파프리카(순한 맛)	50g	150g	500g	2kg
가지	120g	350g	1.2kg	4kg
애호박	120g	350g	1.2kg	4kg
토마토(익은 것)	100g	300g	1kg	3.5kg
식용유	200ml	500ml	1L	3L
엑스트라버진 올리브기름	1½큰술	3큰술	150ml	600ml
염장 대구, 물에 불린다	150g	450g	1.5kg	5kg

2인분을 준비할 경우에는 채소를 1개씩 6인분을 준비할 경우 2개씩 사면 된다. 단, 두 경우 모두 작은 크기로 구입한다.

Start ▸

양파를 2cm 폭으로 썬다.

마늘을 곱게 다진다.

두 종류의 파프리카는 줄기와 씨, 흰 막을 없애고 1.5cm 폭으로 썬다.

가지의 껍질을 벗기고 사방 2cm 크기로 깍둑썰기한다.

애호박도 같은 사이즈로 자른다.

토마토는 반으로 가르고 강판에 갈아 대접에 담는다.

Continue →

큰 팬에 식용유를 담아 중불에 달군다.

뜨거운 엑스트라버진 올리브기름에 가지와 애호박을 조금씩 나눠 담가 노릇하게 튀긴다.

체로 건져 기름을 뺀다.

큰 소스팬에 올리브기름을 둘러 중불에 달군다. 마늘을 더해 1분간 볶는다. 양파를 더해 노릇해질 때까지 5분간 볶는다.

파프리카를 더해 물러질 때까지 볶는다.

튀긴 가지와 애호박을 더한 뒤 간 토마토를 더한다. 1시간가량 보글보글 끓인다.

채소가 물러지고 토마토가 걸쭉해지면 소금과 후추로 간하고 크림처럼 부드러워질 만큼 물을 붓는다.

물에 불린 염장 대구를 폭 1.5cm, 길이 5cm로 찢는다. 스튜에 더해 2분간 보글보글 끓인다. 너무 익지 않도록 주의한다.

불에서 내려 접시에 담거나 구운 빵 위에 올려 낸다.

사과 오븐 통구이

브랜디 대신 코냑, 아르마냑, 칼바도스 등의 비슷한 리큐어를 쓸 수 있다.

•

어떤 사과로 만들어도 상관없지만, 엘불리에서는 골든 딜리셔스를 쓴다.

•

2인분을 만들 때는 적은 양의 크림을 올리기가 어려우므로 더블 생크림을 쓴다. (한국에는 유지방 함유량으로 분류되는 생크림이 흔치 않으므로 마트 등에서 구할 수 있는 제품을 구분 없이 쓴다. 대체로 유지방 38% 수준이다. —옮긴이)

	2인분	6인분	20인분	75인분
사과	2개	6개	20개	75개
브랜디	2작은술	2큰술	120ml	400ml
꿀(묽은 것)	2작은술	2큰술	200g	700g
계핏가루	1자밤	2자밤	8g	30g
버터, 잘게 썬다	2작은술	2큰술	80g	300g
생크림(유지방 35%)	60ml	180ml	600ml	2L
설탕	½작은술	2작은술	80g	300g

Start →

사과의 윗면을 자른다.

씨 바르개로 사과의 씨를 발라낸다. 아니면 작고 날카로운 칼로 씨 가장자리를 돌려 자른 뒤 밀어낸다.

오븐을 200℃로 예열한다.

발라낸 씨의 바닥을 잘라 사과에 끼워 넣는다. 구워지면서 소가 흘러 나오는 걸 막아 준다.

사과를 제과제빵팬에 담고 브랜디를 졸졸 뿌린다.

Continue →

윗면에 꿀을 끼얹는다.

계핏가루를 솔솔 뿌린다.

씨를 발라낸 자리에 버터를 채운다.

잘라낸 윗면으로 사과를, 은박지로 팬을 덮는다.

사과가 부드러워질 때까지 1시간가량 굽는다.

큰 대접에 생크림을 붓고 설탕을 더한다.

뿔이 부드럽게 올라올 때까지 거품기로 휘저어 올린다.

따뜻한 사과를 접시에 담는다. 팬 바닥의 국물을 떠서 끼얹고 크림을 올려 낸다.

Meal 5 식사 5

Polenta & Parmesan gratin

파르미지아노 폴렌타 그라탕

—

Sesame sardines with carrot salad

정어리 참깨 지짐과 당근 샐러드

—

Mango with white chocolate yoghurt

화이트 초콜릿과 요구르트를 곁들인 망고

| 파르미지아노 폴렌타 그라탕 | 정어리 참깨 지짐과 당근 샐러드 |

재료

살 재료
* 중간 크기의 정어리
* 레몬
* 당근
* 생박하
* 망고(익은 것)

찬장의 재료
* 소금
* 통참깨
* 엑스트라버진 올리브기름
* 올리브기름
* 디종 머스터드
* 셰리 식초
* 헤이즐넛(설탕 입힌 것)
* 즉석 폴렌타
* 화이트 초콜릿

냉장고의 재료
* 파르미지아노 치즈
* 버터
* 요구르트
* 생크림(유지방 35%)

화이트 초콜릿과 요구르트를 곁들인 망고

메뉴 계획

식사 전 시간

4

3½

3

2½

2

1½

1시간 전
화이트 초콜릿 요구르트를 만든다.

설탕 입힌 헤이즐넛을 부순다.

정어리를 손질해 참깨옷을 입혀 차갑게 둔다.

당근을 껍질 벗겨 썬다.

비네그레트를 만든다.

20분 전
망고를 껍질 벗겨 살을 발라내 차갑게 둔다.

치즈를 강판에 갈고 폴렌타 물을 끓인다.

15분 전
폴렌타를 끓여 둔다.

먹기 직전
폴렌타에 파르미지아노 치즈를 솔솔 뿌려 브로일러에 윗면을 그을린다.

주요리 먹기 직전
정어리를 지진다.

디저트 먹기 직전
요구르트를 망고 위에 떠 올리고 헤이즐넛을 솔솔 뿌린다.

1

½

식사 시작

주요리

디저트

파르미지아노 폴렌타 그라탕

끓여서 바로 내야 크림처럼 매끈하고 부드러운 폴렌타를 먹을 수 있다.

•

5~10분이면 끓일 수 있는 즉석 폴렌타를 쓴다.

	2인분	6인분	20인분	75인분
물	300ml	900ml	4L	12L
폴렌타	50g	150g	600g	2kg
생크림(유지방 35%)	100ml	300ml	1.5L	4L
파르미지아노 치즈	40g	120g	500g	1.6kg
버터	1작은술	2작은술	200g	600g
그라탕:				
파르미지아노 치즈, 곱게 간다	2큰술	6큰술	600g	2kg

Start →

소스팬에 물을 끓인다. 거품기로 계속 저으며 폴렌타를 조금씩 솔솔 뿌려 더한다.

폴렌타를 전부 더한 다음 계속 저으며 중불에서 2분간 더 끓인다.

생크림을 붓고 2분간 더 끓인다.

파르미지아노 치즈를 곱게 간다.

곱게 간 파르미지아노 치즈를 조금씩 더한다.

버터를 더한다.

Continue →

폴렌타가 걸쭉해질 때까지 계속 젓는다. 소금으로 간한다.

큰 제과제빵팬이나 내열 접시에 폴렌타를 1cm 정도의 높이로 담는다.

폴렌타를 5분 두고, 그사이에 브로일러를 '강'으로 예열한다.

곱게 간 파르미지아노 치즈(그라탕용)를 솔솔 뿌린다.

치즈가 노릇해지고 부글거릴 때까지 굽는다.

식탁에 바로 낸다.

정어리 참깨 지짐과 당근 샐러드

생선 비늘을 벗기기나 내장을 발라내는 손질은 생선 가게에 부탁해도 좋다.

	2인분	6인분	20인분	75인분
중간 크기의 정어리	10마리	30마리	100마리	375마리
통깨	3큰술	120g	500g	1.6kg
올리브기름	2작은술	2큰술	100ml	300ml
레몬, 반 가른다	½개	2개	4개	10개
당근 샐러드:				
당근	2개	6개	2kg	6kg
디종 머스터드	2작은술	2큰술	175g	520g
엑스트라버진 올리브기름	2큰술	6큰술	400ml	1.2L
셰리 식초	2작은술	2큰술	125ml	400ml
생박하	1줄기	3줄기	1단	2단

Start →

정어리는 칼등으로 머리부터 꼬리까지 문질러 비늘을 긁어낸다. 흐르는 수돗물에 대고 하는 게 가장 좋다.

가위로 머리를 자른다.

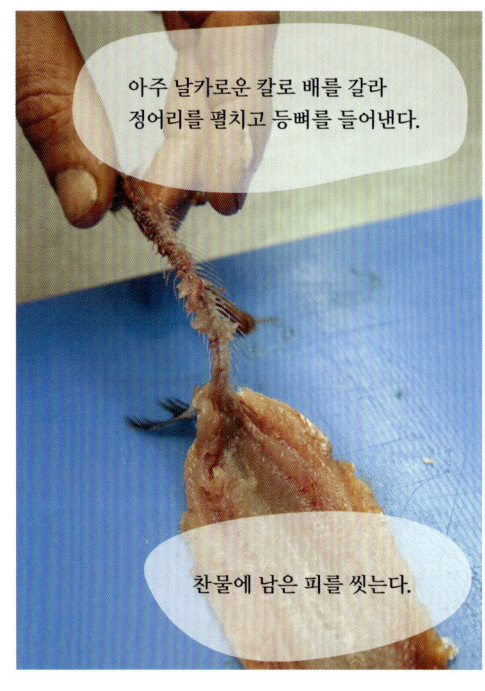

아주 날카로운 칼로 배를 갈라 정어리를 펼치고 등뼈를 들어낸다.

찬물에 남은 피를 씻는다.

통깨를 접시에 담고 정어리의 껍질면에 입힌다.

만돌린(채칼)이나 채소 껍질 벗기개로 당근을 아주 얇게 저민다.

비네그레트를 만든다. 작은 대접에 디종 머스터드를 담고 거품기로 휘저으며 엑스트라버진 올리브 기름을 더한다.

셰리 식초를 더한다.

Continue →

생박하 잎을 곱게 다진다.

비네그레트에 더한다.

논스틱 프라이팬을 중불에 달군 뒤 올리브기름을 두른다. 정어리를 소금으로 간한다.

노릇하고 촉촉하게, 양면을 1분간 지진다.

접시에 담고 레몬즙을 뿌린다.

당근을 비네그레트에 버무린다.

소금으로 간한다.

당근 샐러드와 정어리 지짐을 낸다.

화이트 초콜릿과 요구르트를 곁들인 망고

헤이즐넛을 대신해 굽거나 설탕 입힌 아몬드, 호두, 잣을 쓸 수 있다.

•

요구르트는 화이트 초콜릿에 섞을 때 너무 차갑지 않도록 미리 꺼내 둔다.

	2인분	6인분	20인분	75인분
화이트 초콜릿	50g	150g	400g	1.25kg
요구르트	125g	375g	625g	1.875kg
헤이즐넛(설탕 입힌 것)	8개	24개	200g	500g
망고(익은 것)	1개	3개	8개	30개

Start →

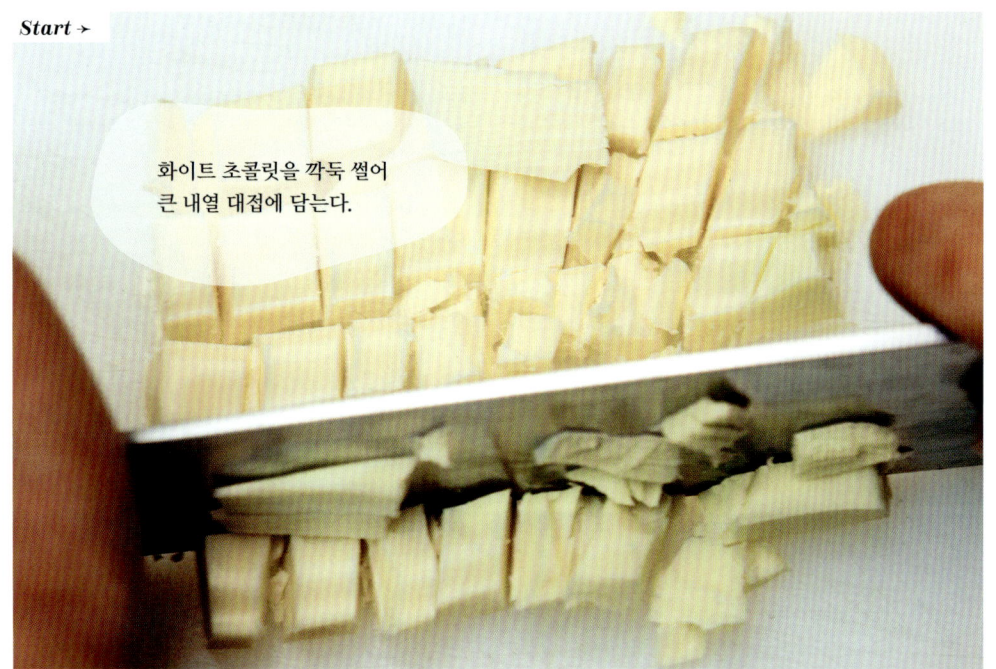

화이트 초콜릿을 깍둑 썰어 큰 내열 대접에 담는다.

소스팬에 물을 담아 보글보글 끓기 시작하면 화이트 초콜릿 담은 대접을 위에 올린다. 물이 대접 바닥에 닿으면 안 된다.

거품기로 계속 저으며 화이트 초콜릿을 조금씩 매끈하게 녹인다.

요구르트를 큰 대접에 담는다.

한편 헤이즐넛을 굵게 부숴 둔다.

Continue →

녹은 초콜릿을 요구르트에 조금씩 흘려 섞어 매끈한 소스를 만든다. 상온에서 식힌다.

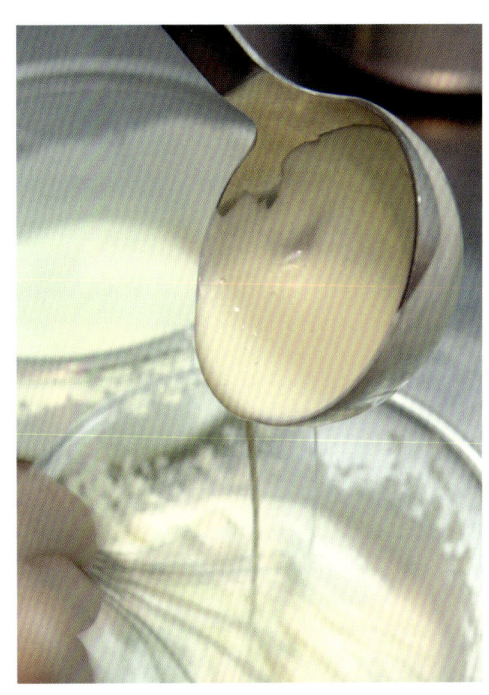

채소 껍질 벗기개로 망고를 깐다.

가운데의 씨를 피해 과육을 썬다.

망고 과육을 2cm 크기로 깍둑 썰어 쓸 때까지 차갑게 둔다.

망고를 접시에 담고 요구르트를 숟가락으로 떠 끼얹는다. 부순 헤이즐넛을 솔솔 뿌려 낸다.

Meal 6 식사 6

Crisp omelette
감자 칩 오믈렛

—

Pork loin with peppers
오븐 구이 파프리카와 돼지 등심 구이

—

Coconut macaroons
코코넛 마카룬

감자 칩 오믈렛

재료

살 재료
* 빨간색 큰 파프리카
* 생파슬리
* 돼지고기(얇게 썬 것)
* 무당 건조 코코넛 과육

찬장의 재료
* 올리브기름
* 감자 칩(소금 친 것)
* 마늘
* 소금
* 흑후추
* 설탕

냉장고의 재료
* 달걀

오븐 구이 파프리카와
돼지 등심 구이

코코넛 마카룬

메뉴 계획

식사 전
시간

4

3½

3

2½

2

1시간 30분 전
파프리카를 오븐에 통으로 구워
식힌 뒤 썬다.

1½

1시간 전
코코넛 마카룬을 만들어 굽고
식힌다.

1

마늘과 파슬리 기름을 만들고,
파프리카는 구울 때 배어 나온
즙으로 마저 익힌다.

½

5분 전
완전히 푼 달걀에 감자 칩을 넣고
감자 칩 오믈렛을 만든다.

식사
시작

주요리 먹기 직전
돼지고기를 지져 파프리카, 마늘
파슬리 기름과 낸다.

주요리

감자 칩 오믈렛

좋은 감자 칩과 달걀을 써야 맛있다.

•

감자 칩에 소금을 쳤으므로
따로 간을 할 필요가 없다.

많이 만들 경우 오믈렛을 4~6인분으로
크게 만들어 자율배식한다.

	2인분	6인분	20인분	75인분
달걀	6개	18개	60개	225개
감자 칩	70g	210g	650g	2.25kg
올리브기름	1½큰술	4큰술	100g	200g

Start →

달걀을 깨서 대접에 넣고 거품기로 아주 폭신해질 때까지 휘저어 올린다.

폭신하게 푼 달걀에 감자 칩을 부서지지 않도록 천천히 더한 뒤 1분간 불린다.

논스틱 프라이팬(지름 25cm)을 중불에 올리고 올리브기름 절반을 두른다.

Continue →

달걀과 감자 칩을 팬에 붓고 고무 스패출라로 살포시 휘젓는다.

스패출라로 팬의 가장자리를 빙 돌려 두른다.

40초 뒤 바닥이 익으면 오믈렛을 접시로 엎는다. 팬을 한 손에 들고 뒤집어 오믈렛을 접시에 올린다.

팬을 다시 불에 올리고 올리브기름 남은 절반을 두른다.

익지 않은 면이 바닥에 닿도록 오믈렛을 팬에 미끄러지듯 담는다. 20초간 더 익힌다.

접시에 담아 낸다.

123 - 식사 6

오븐 구이 파프리카와 돼지 등심 구이

쇠고기로 만들어도 맛있다.

	2인분	6인분	20인분	75인분
빨간색 큰 파프리카	1개	2개	8개	30개
올리브기름, 지짐용 별도	3½큰술	100ml	150ml	425ml
마늘	1쪽	3쪽	80g	225g
생파슬리	1대	3대	½단	1단
돼지 등심(얇게 썬 것)	6쪽	18쪽	60쪽	225쪽

Start →

오븐을 200℃로 예열한다. 씻은 파프리카를 물기가 묻은 채로 통구이팬에 담는다.

올리브기름을 약간 뿌리고 45분간 굽는다.

작은 소스팬에 물을 담고 마늘을 더해 끓인다.

마늘을 건져 얼음물에 담아 재빨리 식힌다. 냄비에 다시 찬물을 담아 데치고 얼음물에 식히기를 두 번 더 되풀이한다.

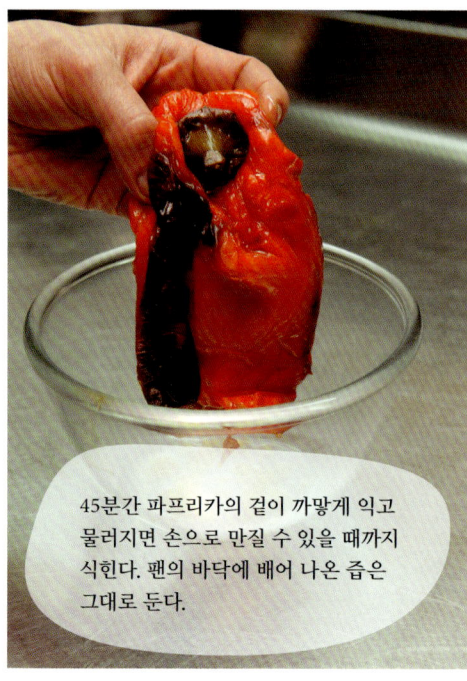

45분간 파프리카의 겉이 까맣게 익고 물러지면 손으로 만질 수 있을 때까지 식힌다. 팬의 바닥에 배어 나온 즙은 그대로 둔다.

파프리카의 껍질을 벗기고 씨를 발라낸다. 대접을 받쳐 배어 나오는 즙을 받아 둔다.

Continue →

구운 파프리카를 길게 썬다.

썬 파프리카와 배어 나온 즙을 팬에 담아 약불에서 5분간 보글보글 끓인다.

생파슬리 잎을 따낸다.

데쳐 건진 마늘, 생파슬리 잎, 남은 올리브기름을 깊은 단지에 담는다.

손 블렌더로 곱게 간다.

큰 팬을 센불에 달군 뒤 기름을 살짝 두른다. 돼지고기를 겉은 노릇하고 속은 촉촉하도록 1분 30초씩 지진다.

돼지고기를 소금과 후추로 간하고 파프리카를 곁들여 낸다. 마늘과 파슬리 기름(1큰술)을 돼지고기에 얹는다.

코코넛 마카룬

완성도가 떨어지니 15개 이하로
만들지 않는 것이 좋다.
남은 마카룬은 밀폐 용기에 보관해
며칠간 두고 먹을 수 있다.

	2인분(15개)	6인분(30개)	20인분	75인분
무당 건조 코코넛 과육	100g	200g	600g	1.5kg
설탕	100g	200g	600g	1.5kg
달걀	1개	2개	5개	15개

Start →

오븐을 180℃로 예열하고
큰 제과제빵팬에 유산지를 깐다.
큰 대접에 코코넛 과육과 설탕을
섞는다.

달걀을 거품기로 푼다.

푼 달걀을 코코넛과
설탕에 섞는다.

손으로 골고루
섞는다.

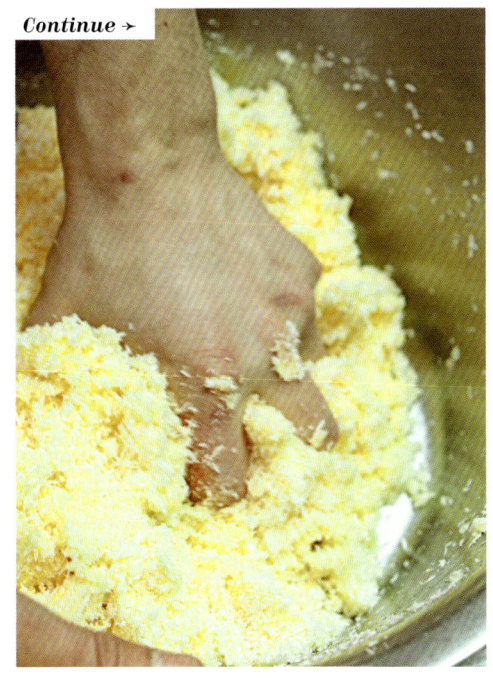

손이나 작은 숟가락 2점을 이용해 반죽(15g 정도)을 호두만 한 공 모양으로 빚는다.

제과제빵팬에 반죽을 올린다.

살짝 노릇해질 때까지 13분간 굽는다.

조금 식혀 낸다.

Meal 7 식사 7

Saffron risotto with mushrooms
버섯 사프란 리소토

—

Catalan-style turkey
카탈루냐식 칠면조 조림

—

Yoghurt foam with strawberries
요구르트 거품과 딸기

버섯 사프란 리소토

재료

살 재료
* 중간 크기의 양송이버섯
* 레몬
* 적양파
* 칠면조 다리
* 딸기

찬장의 재료
* 사프란
* 올리브기름
* 양파
* 화이트 와인
* 쌀(리소토용)
* 소금
* 흑후추
* 건포도
* 건자두
* 비노 랑시오(또는 달지 않은 셰리)
* 다진 토마토(통조림)
* 잣
* 설탕(선택)
* 아산화질소 사이펀과 카트리지

냉장고의 재료
* 버터
* 파르미지아노 치즈
* 생크림(유지방 35%)

냉동고의 재료
* 닭 육수(57쪽 참조)

카탈루냐식 칠면조 조림

요구르트 거품과 딸기

메뉴 계획

24시간 전
건포도와 건자두를 비노 랑시오에 불린다.

1시간 30분 전
칠면조 조림을 만들어 30분간 보글보글 끓인 뒤 따뜻하게 둔다.

요구르트 거품을 만들어 냉장고에 차게 둔다.

리소토의 양파를 썬다.

40분 전
닭 육수를 데우고 리소토의 사프란을 굽는다.

30분 전
리소토 요리를 시작한다.

잣을 튀기고 칠면조 조림의 마무리를 준비한다.

딸기를 씻어 반으로 가른다.

5분 전
버섯을 저민다.

버터와 치즈로 리소토를 마무리하고 버섯을 얹는다.

칠면조에 잣을 솔솔 뿌린다.

디저트 먹기 직전
요거트 거품을 대접에 담고 딸기로 마무리한다.

식사 전 시간
4
3½
3
2½
2
1½
1
½
식사 시작
디저트

버섯 사프란 리소토

리소토용 쌀로 끓여야 맛있다.
이탈리아에서는 아르보리오, 카르나롤리,
비알로네 나노를 많이 쓴다.
이런 품종을 찾을 수 없다면
전분 함유량이 높은 단립종을 쓴다.

	2인분	6인분	20인분	75인분
닭 육수(57쪽 참조)	600ml	1.8L	7L	22L
사프란	1자밤	2자밤	1.2g	4g
올리브기름	1½큰술	50ml	125ml	425ml
양파, 곱게 썬다	1작은술	2작은술	120g	400g
화이트 와인	2큰술	4큰술	200ml	750ml
쌀(리소토용)	180g	540g	1.8kg	7kg
중간 크기의 양송이버섯	2개	6개	800g	3kg
버터, 썬다	1작은술	1큰술	60g	200g
파르미지아노 치즈, 곱게 간다	30g	100g	300g	1kg
레몬즙	1작은술	2작은술	35ml	120ml

Start →

닭 육수를 소스팬에 붓는다.
뚜껑을 덮고 보글보글 끓인다.

사프란을 은박지로 싼다.

프라이팬을 중불에 1분간 달군 다음
사프란이 타지 않도록 구워 식힌다.

큰 팬에 올리브기름을 둘러 중불에 달군다.
썬 양파를 더해 부드럽지만 노릇해지지
않도록 5분간 볶는다.

화이트 와인을 붓고
팬 바닥을 긁어낸다.

화이트 와인이 대부분 날아가면
쌀을 더해 저으며 3분간 끓인다.

Continue →

뜨거운 육수 한 국자를 붓는다.
쌀이 눌어붙지 않도록
2~3분 동안 계속 젓는다.

남은 육수를 붓고
구운 사프란을 솔솔 뿌린다.

자주 저으며
쌀을 16분간 더 끓인다.

그사이 버섯을 재빨리 씻어 건진 뒤
종이 행주로 물기를 걷어 낸다.
만돌린(채칼)이나 날카로운 칼로 얇게
저민다.

쌀이 적당히 불어 심이 씹힐 정도로
익으면 버터를 더한다.

곱게 간 파르미지아노 치즈를 더한다.
쌀이 크림처럼 매끈하고 부드러워지도록
잘 섞는다. 소금과 후추, 레몬즙으로 간한다.
리소토를 접시에 떠 담는다.

버섯을 리소토에 얹는다. 리소토의 잔열로
버섯이 익을 것이다.

카탈루냐식 칠면조 조림

비노 랑시오 vino rancio는 카탈루냐의 주정강화 산화 와인이다. 찾을 수 없다면 셰리를 대신 써도 좋다.

	2인분	6인분	20인분	75인분
건포도	30g	90g	300g	1kg
건자두(씨 바른 것)	40g	120g	400g	1.5kg
비노 랑시오	6큰술	250ml	800ml	3L
적양파	200g	600g	2.4kg	8kg
올리브기름	1½큰술	3큰술	150ml	400ml
칠면조 다리	2대	6대	20대	75대
토마토, 다진다	100g	250g	1.2kg	5kg
물	240ml	720ml	2.4L	8L
잣	2작은술	2큰술	100g	300g

2인분을 준비할 경우에는 양파 1개, 6인분에는 3개가 필요하다.

Start →

건포도와 건자두를 대접에 담고 비노 랑시오를 붓는다.

12시간 불린다.

적양파를 얇게 썬다.

칠면조를 소금과 후추로 간한다.

넓은 팬을 중불에 달군 뒤 올리브기름 대부분을 두른다. 칠면조가 골고루 노릇해질 때까지 10분간 지진다.

Continue →

양파를 더한다.

양파가 캐러멜화되어 아주 노릇해질 때까지 칠면조와 함께 10분간 자주 뒤적이며 지진다.

비노 랑시오에 불린 건과일들을 건져낸 뒤 비노 랑시오를 팬에 더한다.

대부분의 비노 랑시오가 날아가면 다진 토마토를 더해 모든 재료가 잘 캐러멜화되도록 익힌다.

물을 붓고 불을 줄여 30분간 보글보글 끓인다.

불린 건자두와 건포도를 더한다. 뚜껑을 덮어 칠면조 고기가 부드럽고 소스가 걸쭉하게 맛이 들 때까지 1시간가량 더 끓인다.

그사이 남은 기름을 프라이팬에 두르고 약불에 달궈, 잣을 더한 뒤 자주 뒤적이며 노릇해질 때까지 5분간 지진다.

칠면조 조림을 접시에 담고 소스, 건포도, 건자두를 끼얹는다. 잣을 솔솔 뿌려 마무리한다.

요구르트 거품과 딸기

단맛이 강한 디저트를 좋아한다면
요구르트 375g마다 설탕 2작은술을 더한다.

•

딸기 말고도 복숭아, 살구, 바나나, 파인애플 등의
제철 과일로도 만들 수 있다.

•

15g 안팎의 작은 딸기를 쓴다.
1인분은 3개 정도이다.

	2인분	4~6인분	20인분	75인분
요구르트	–	375g	1kg	3.5kg
생크림(유지방 35%)	–	100ml	250ml	900ml
사이펀의 아산화질소 카트리지	–	1개	6개	12개
딸기	–	180~270g	900g	3.4kg

거품의 완성도를 유지할 수 있는 최소량이
4~6인분이다. 만약 사이펀이 없다면 생크림과
요구르트를 휘저어 올려 만들 수 있다.
다만 질감이 그만큼 가볍지는 않다.

4~6인분에 0.5L짜리 1개, 20인분에 2L짜리 2개,
75인분에 1L짜리 6개의 사이펀이 각각 필요하다.

Start →

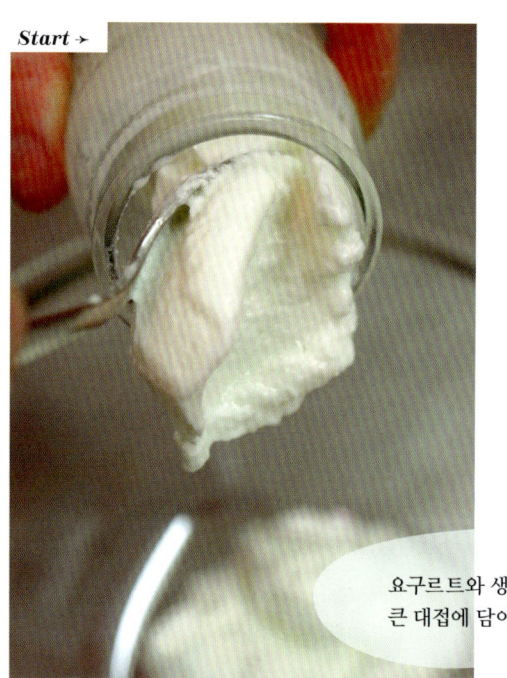

요구르트와 생크림을
큰 대접에 담아 잘 섞는다.

설탕으로 단맛을 더해도 좋다.

고운 체에 내려 사이펀에 담는다.

Meal 8 식사 8

Roasted aubergine with miso dressing
미소 드레싱 가지 구이

—

Sausages with tomato sauce
토마토 소스로 맛을 낸 소시지

—

Crème Catalane
크렘 카탈란

미소 드레싱 가지 구이

토마토 소스로 맛을 낸 소시지

재료

살 재료
* 중간 크기의 가지
* 돼지고기 소시지
* 생타임
* 레몬
* 오렌지

찬장의 재료
* 통깨
* 다시 가루
* 적미소
* 간장
* 참기름
* 식용유
* 올리브기름
* 마늘
* 비노 랑시오(또는 달지 않은 셰리)
* 통계피
* 녹색 아니스, 팔각(또는 회향 씨)
* 바닐라
* 설탕
* 옥수수 전분

냉장고의 재료
* 생크림(유지방 35%)
* 지방을 걷어 내지 않은 우유
* 달걀

냉동고의 재료
* 토마토 소스(42쪽)

크렘 카탈란

메뉴 계획

식사 전 시간

4

3½

3시간 전 ——— 3
크렘 카탈란을 만들어 식힌다.

2½

2시간 전 ——— 2
가지를 구워 식힌다.

1½

1시간 전 ——— 1
미소 드레싱을 만든다.
가지를 껍질 벗기고 썬다.

½

15분 전
가지를 드레싱에 버무린다.
소시지를 지져 낸다.

5분 전
통깨를 뿌려 가지를 마무리한다.
소시지에 끼얹을 토마토 소스를 데운다. ———

식사 시작

디저트 먹기 직전
토치로 크렘 카탈란의 설탕을 태운다. ———

디저트

미소 드레싱 가지 구이

다시는 다시마와 가츠오부시(말린 정어리 또는 가다랭이)로 맛을 낸 일본 전통 육수로 수프나 드레싱을 비롯한 다른 요리에 고유의 감칠맛을 준다.

•

미소도 일본 요리에 중요하다. 가츠오부시와 미소는 일본 식재료 전문점이나 백화점 식품 매장 등에서 살 수 있다.

•

미소 드레싱은 애호박이나 감자 같은 채소의 통구이에도 잘 어울린다.

	2인분	6인분	20인분	75인분
중간 크기의 가지	2개	6개	20개	75개
통깨	2큰술	6큰술	150g	500g
물		50ml	150ml	500ml	1.6L
다시 가루	2작은술	2큰술	50g	160g
적미소	½작은술	1큰술	40g	150g
간장	2작은술	2큰술	60ml	200ml
참기름	1작은술	1큰술	30ml	100ml
식용유	2큰술	6큰술	150ml	500ml

Start → 오븐을 220℃로 예열한다. 제과제빵팬에 가지를 올려 45분간 굽는다.

통깨를 프라이팬에 담아 자주 살포시 뒤적이며 노릇해질 때까지 5분간 볶는다.

깊은 단지에 미소 드레싱을 위한 물을 붓는다.

다시 가루, 적미소, 간장, 참기름, 식용유를 더한다.

살짝 걸쭉해질 때까지 손 블렌더로 섞는다.

Continue →

45분 뒤 물러진 가지를 오븐에서 꺼낸다. 만질 수 있을 때까지 식힌다.

가지 껍질을 벗긴다.

살을 폭 1cm로 썬다.

분리되지 않도록 미소 드레싱을 다시 섞는다. 가지를 접시에 담고 드레싱을 숟가락으로 떠서 끼얹는다.

가지가 완전히 식으면 통깨를 솔솔 뿌려 낸다.

토마토 소스로 맛을 낸 소시지

기성품 토마토 소스를 구입해 엑스트라버진 올리브기름으로 맛을 낼 수도 있다.
(소스 150g당 1작은술)

•

비노 랑시오는 카탈루냐의 주정강화 산화 와인이다. 살 수 없다면 달지 않은 셰리로 대체할 수 있다.

•

감자나 애호박 오븐 구이처럼 간단한 채소를 곁들일 수 있다.

	2인분	6인분	20인분	75인분
올리브기름	3큰술	9큰술	150ml	500ml
돼지고기 소시지	150g	900g	3kg	11kg
통마늘	2쪽	6쪽	40g	120g
생타임	1대	2대	6g	20g
비노 랑시오(또는 달지 않은 셰리)	2큰술	100ml	350ml	1.3L
토마토 소스(42쪽 참조)	150g	450g	1.5kg	5kg

Start →

큰 프라이팬에 올리브기름을 둘러 달군다.

돼지고기 소시지를 올려 팬의 바닥에 닿은 부분이 노릇해질 때까지 5분간 지진다.

통마늘과 생타임을 소시지 사이사이에 끼워 넣는다.

Continue ➔

크렘 카탈란

크렘 카탈란(또는 크레마 카탈라나)는 유럽에서 가장 오래된 디저트로 카탈루냐의 중세 문학에서도 찾아볼 수 있다.

•

크렘의 표면에 설탕을 뿌려 토치로 캐러멜화하는 대신 진한 캐러멜을 부숴 올려도 된다.

•

완성도가 떨어지니 4인분 이하로는 만들지 않는 것이 좋다. 크렘은 개인 라메킨에 담아 냉장고에 며칠간 두고 먹을 수 있다.

	2인분	4인분	20인분	75인분
지방을 걷어 내지 않은 우유	–	250ml	1.2L	4L
생크림(유지방 35%)	–	4큰술	300ml	1L
통계피	–	¼개	2개	4개
레몬 겉껍질	–	1점	2점	4점
오렌지 겉껍질	–	1점	2점	4점
아니스나 팔각(또는 회향 씨)	–	1자밤	3g	10g
바닐라, 반 가른다	–	½개	1½개	4개
달걀노른자	–	3개분	250g	850g
설탕	–	45g	225g	750g
옥수수 전분	–	2작은술	50g	180g

Start →

큰 소스팬에 우유와 생크림을 붓는다.

통계피, 레몬과 오렌지 겉껍질, 아니스나 팔각, 반 가른 바닐라를 더한다.

크림과 우유를 아주 약한 불에 끓인다.

큰 대접에 달걀노른자, 설탕, 옥수수 전분을 담는다.

매끈해질 때까지 거품기로 섞는다.

끓인 우유와 크림을 달걀노른자 위에 체로 내려 붓는다. 거품기로 계속 젓는다.

깨끗한 팬에 담아 계속 휘저으며 중불에서 10분간 끓인다.

커스터드가 걸쭉하고 매끈해지면 내열 그릇에 떠 담아 식힌다.

크렘의 표면에 설탕을 고르게 뿌려 덮는다.

토치로 설탕을 캐러멜화한다. 녹인 설탕이 딱딱하게 굳으면 낸다.

Meal 9 식사 9

Lime-marinated fish
라임에 재운 생선

—

Ossobuco
오소부코

—

Piña colada
피냐 콜라다

라임에 재운 생선

오소부코

재료

살 재료
* 백조기(또는 농어)
* 라임
* 작은 파(또는 쪽파)
* 생고수
* 송아지 정강이
* 당근
* 셀러리
* 생파슬리
* 레몬
* 오렌지
* 파인애플

찬장의 재료
* 마늘
* 양파
* 올리브기름
* 소금
* 흑후추
* 화이트 와인
* 월계수 잎
* 코코넛 밀크
* 화이트 럼

냉장고의 재료
* 버터

냉동고의 재료
* 토마토 소스(42쪽 참조)
* 소 육수(58쪽 참조)

피냐 콜라다

메뉴 계획

식사 전 시간
4
3½
3

2시간 30분 전 — 2½
오소부코를 만들어 오븐에 그대로 식힌다.

2시간 전 — 2
피냐콜라다 믹스를 만들어 차게 둔다.

1½

1

30분 전 — ½
생선을 손질한 뒤 쓰기 전까지 차게 둔다.

양파를 썰고 드레싱을 준비한다.

그레몰라타를 만든다.

식사 직전
생선에 간을 하고 양파, 드레싱, 고수로 마무리한다.

— 식사 시작

주요리 먹기 직전
오소부코에 그레몰라타를 솔솔 뿌린다.

— 주요리

디저트 먹기 직전
피냐 콜라다를 작은 잔이나 공기에 따르고 좋아하는 고명을 얹는다.

— 디저트

라임에 재운 생선

얇게 저민 생선과 라임즙으로 만드는 티라디토tiradito는 세비체와 비슷한 페루 요리이다.

•

스페인과 지중해에서 많이 먹는, 크고 단단한 흰살을 지닌 생선인 백조기로 만든다. 백조기를 찾을 수 없다면 농어 같은 생선을 대신 쓸 수 있다.

•

생선 가게에 껍질을 벗기고 뼈를 발라 달라고 부탁한다. 아니면 연어 껍질 벗기는 요령을 따라 직접 손질해도 된다.(352쪽 참조)

	2인분	6인분	20인분	75인분
백조기(또는 농어), 손질한다	150g	500g	2kg	8kg
라임즙	1큰술	85ml	210ml	660ml
작은 파(또는 쪽파 흰 부분)	½대	1대	300g	900g
생고수	4대	12대	1단	3단
올리브기름	4큰술	150ml	500ml	1.8L

Start →
생선을 얇게 저민다.

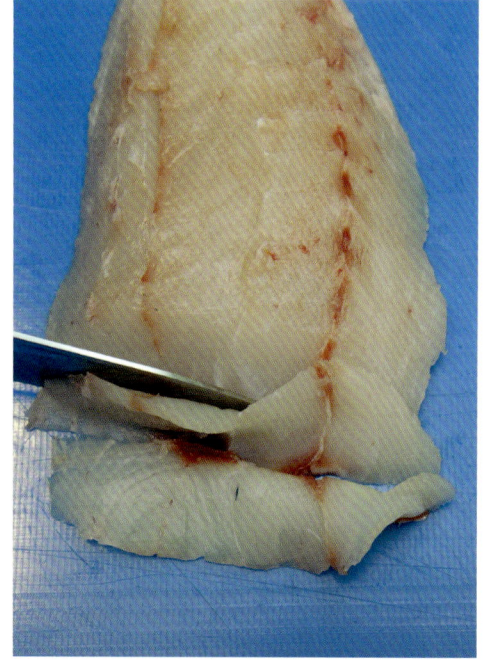

너무 겹치지 않도록 접시에 담아 냉장고에 둔다.

라임즙을 짜 눈이 고운 체에 내린다.

파의 바깥 켜를 벗겨 낸다.

얇게 썬다.

생고수 잎을 가지에서 따 곱게 다진다.

거품기(혹은 손 블렌더)로 라임즙을 계속 휘저으며 올리브기름을 조금씩 부어 살짝 걸쭉하고 탁한 드레싱을 만든다.

얇게 썬 파를 라임즙, 올리브기름과 버무린다.

생선 위에 쪽파를 솔솔 뿌리고 소금으로 간한다.

드레싱을 생선에 끼얹고 다진 고수 잎을 뿌린다.

오소부코

오소부코ossobuco는 이탈리아어로 '구멍 난 뼈'라는 뜻으로, 이 요리의 재료인 송아지 정강이 뼈를 일컫는다. 골수가 가득찬 정강이 뼈에 붙은 살을 익혀 먹는다. 요리에 풍성함을 불어넣는 골수는 오소부코와 함께 먹는다.

•

그레몰라타(다진 파슬리, 마늘, 오렌지와 레몬 겉껍질)는 시트러스류의 껍질을 갓 갈아 나온 기름과 향이 살아 있도록 오소부코를 먹기 직전에 솔솔 뿌린다.

	2인분	6인분	20인분	75인분
당근	1작은술	1½큰술	150g	400g
샐러리	1작은술	2큰술	175g	520g
양파	1개	2개	1kg	3kg
마늘	1쪽	3쪽	50g	150g
송아지 정강이(각 250g)	2쪽	6쪽	20쪽	75쪽
밀가루	1½큰술	4큰술	150g	400g
버터	1½큰술	100g	450g	1.4kg
화이트 와인	6큰술	240ml	1.1L	3.2L
월계수 잎(말린 것)	2장	4장	15g	40g
토마토 소스(42쪽 참조)	2작은술	2큰술	330g	1kg
소 육수(58쪽 참조)	500ml	1.5L	8L	24L
그레몰라타:				
생파슬리	2작은술	2큰술	½단	1단
마늘	1쪽	3쪽	20g	50g
레몬	1개	2개	3개	5개
오렌지	1개	2개	3개	5개

Start →

당근을 5mm 길이로 썬 뒤 다시 5mm 폭으로 깍둑 썬다.

셀러리도 똑같이 썬다.

양파를 굵게 썬다.

마늘을 곱게 다진다.

송아지 정강이에 소금과 후추로 간한다.

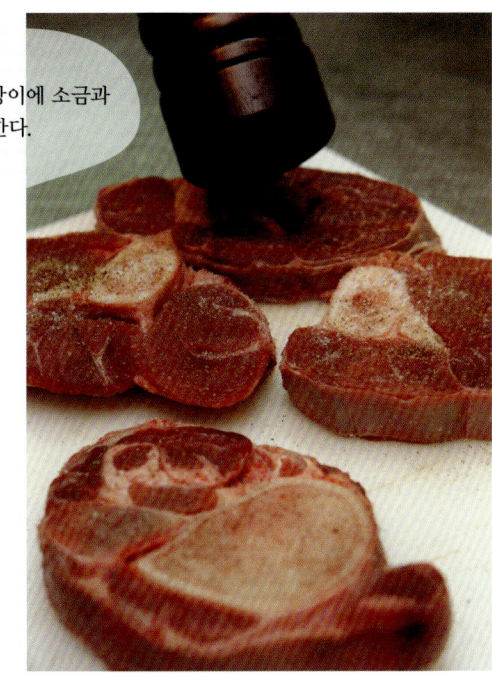

고기에 밀가루를 두른다.

남는 밀가루를 털어 낸다.

큰 팬을 센불에 올리고 버터를 녹인다.

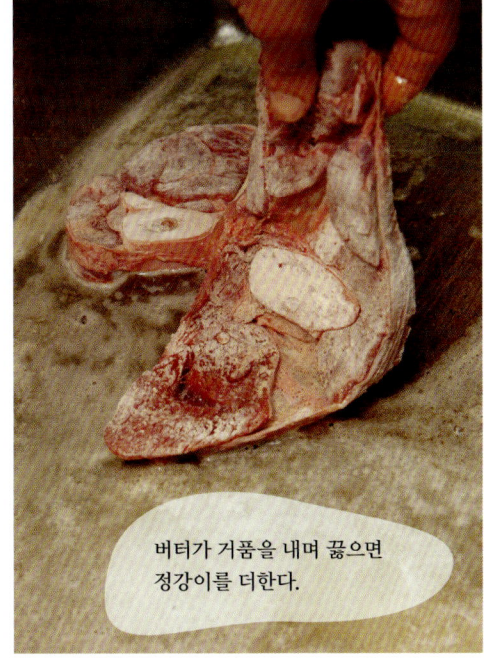
버터가 거품을 내며 끓으면 정강이를 더한다.

양면을 노릇하게 지져 팬에서 들어 낸다.

중불로 줄이고 당근과 남은 버터를 더한다. 1분 동안 뒤적인다.

양파, 셀러리, 마늘을 더해 자주 뒤적이며 채소가 물러질 때까지 10분가량 살포시 볶는다.

화이트 와인을 붓고 바닥에 눌어붙은 것을 나무 주걱으로 긁어낸다.

오븐을 200°C로 예열한다.

와인의 알코올이 거의 다 날아가면 월계수 잎과 토마토 소스를 더한다. 중불에서 걸쭉해질 때까지 10분 더 끓인다.

노릇하게 지진 송아지 정강이를 통구이팬에 더한다. 토마토 소스와 볶은 채소를 떠 올리고 소 육수나 물을 붓는다.

팬을 은박지로 덮어 고기가 아주 부드러워질 때까지 오븐에 2시간가량 익힌다.

그사이 그레몰라타를 만든다. 파슬리와 마늘을 곱게 다져 작은 대접에 담는다. 레몬과 오렌지의 겉껍질을 곱게 갈아 내 잘 섞는다.

오소부코를 내기 직전에 그레몰라타를 솔솔 뿌린다.

피냐 콜라다

엘불리에서는 피냐 콜라다에
썬 파인애플, 부순 머랭, 동결 건조한 과일이나
견과류를 얹어 낸다.

•

이파리가 쉽게 떨어져야 잘 익은
파인애플이다.

	2인분	6인분	20인분	75인분
파인애플	½통	1통	5통 (3.5kg)	18통 (13kg)
코코넛 밀크	3큰술	100g	350g	2.8kg
화이트 럼	1½큰술	65ml	225ml	1.6L

Start →

파인애플의 꼭지와 밑 부분을 잘라 낸다.
껍질과 함께 0.5cm 정도의 크기만큼
과육을 발라낸다.

파인애플을 길게 반으로 가른 뒤
깍둑 썬다.

깊은 용기에 담아 손 블렌더로 매끈하게
간다. 푸드 프로세서로 갈아도 된다.

코코넛 밀크와 화이트 럼을 더해
다시 간다.

눈이 고운 체에 내린 뒤
냉장고에 차게 둔다.

공기나 유리잔에 피냐 콜라다를
담고 좋아하는 고명을 얹어 낸다.

Meal 10 식사 10

Miso soup with clams

조개 미소국

—

Mackerel with vinaigrette

비네그레트 고등어 구이

—

Almond biscuits

아몬드 비스킷

| | 조개 미소국 | 비네그레트 고등어 구이 |

재료

살 재료
* 바지락
* 비단 두부
* 고등어
* 토마토(익은 것)
* 생바질
* 생타임
* 검은색 올리브 페이스트

찬장의 재료
* 다시 가루
* 적미소
* 작은 고추(말린 것)
* 엑스트라버진 올리브기름
* 케이퍼 절임
* 소금
* 흑후추
* 설탕
* 아몬드 가루
* 구운 마르코나 통아몬드 (또는 아몬드)

냉장고의 재료
* 달걀

냉동고의 재료
* 아이스크림

아몬드 비스킷

메뉴 계획

1시간 전
바지락을 소금물에 담가
해감한다.

아몬드 비스킷을 반죽해 굽는다.

생선을 위한 모든 재료를
손질한다.

15분 전
미소국을 만들고 두부를 깍둑
썬다.

5분 전
바지락과 두부를 더한다.

주요리 먹기 직전
생선을 지진다.

퍼내기 쉽도록 아이스크림을
냉동고에서 꺼내
상온에 둔다.

식사 전 시간

4
3½
3
2½
2
1½
1
½

식사 시작

주요리

조개 미소국

요리 전, 껍데기가 깨진 바지락은 버린다.
나머지를 큰 대접의 찬 소금물에 담고
1시간가량 두어 해감한다.

•

다른 조개 및 홍합을 쓸 경우
요리 시간을 조정한다.

	2인분	6인분	20인분	75인분
물	425ml	1.3L	4.5L	14L
다시 가루	½작은술	2작은술	30g	100g
적미소	2작은술	100g	400g	1.2kg
비단 두부	150g	450g	1kg	7kg
작은 바지락	120g	400g	1.5kg	5kg

Start →

큰 팬에 물을 담고 다시 가루와 적미소를 더한다.

손 블렌더로 잘 섞는다.

비단 두부를 2cm로 깍둑 썬다.

공기에 두부를 담는다.
5점이 1인분이다.

바지락을 찬물에 씻는다.

국물이 끓으면 바지락을 더한다.

조개가 입을 벌릴 때까지 3분간 끓인다.

구멍 뚫린 국자로 조개를 건져 낸다.

공기에 담은 두부 위에 조개를 올린다. 입을 벌리지 않은 건 골라 버린다.

남은 두부를 국물에 더해 블렌더로 매끈하고 부드럽게 간다.

국물을 조개 위에 떠서 담아 낸다.

비네그레트 고등어 구이

생선 비늘을 벗기거나 내장을 발라내는 손질은 생선 가게에 부탁해도 좋다.

•

정어리 같은 작은 생선을 통째로 써도 좋다.

	2인분	6인분	20인분	75인분
고등어(200g짜리)	2마리	6마리	20마리	75마리
토마토(익은 것)	1개	3개	750g	2kg
작은 고추(말린 것)	1개	3개	15개	40개
엑스트라버진 올리브기름	120ml(a), 2작은술(b)	200ml(a), 1½큰술(b)	1L(a), 100ml(b)	3.2L(a), 200ml(b)
케이퍼 절임	2작은술	2큰술	100g	300g
생타임	2대	6대	20대	80대
검은색 올리브 페이스트	1작은술	2작은술	60g	190g
생바질	1대	3대	1단	2단

Start →

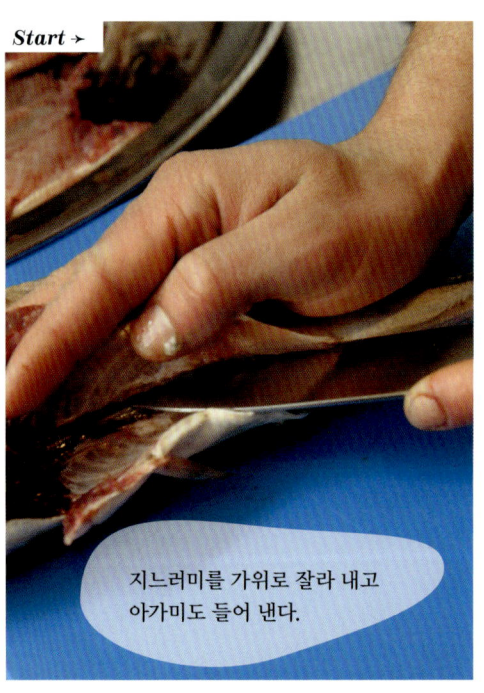

지느러미를 가위로 잘라 내고 아가미도 들어 낸다.

생선의 배를 갈라 머리를 남기고 펼친 뒤 가위로 등뼈를 잘라 낸다.

토마토 아래쪽에 십자로 칼금을 넣고 끓는 물에 30초간 데친다.

얼음물에 담근다.

껍질을 벗긴다.

반으로 갈라 씨를 발라내고 5mm 크기로 깍둑 썬다.

Continue →

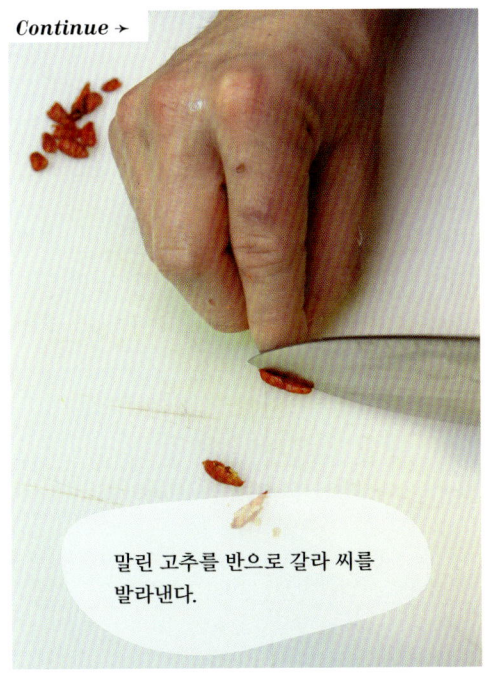

말린 고추를 반으로 갈라 씨를 발라낸다.

아주 곱게 채 썬다.

깍둑 썬 토마토를 대접에 담고 올리브기름(a)을 먼저 더한 뒤 채 썬 고추, 케이퍼 절임, 생타임 줄기를 더한다.

소금과 후추로 간한다.

검은색 올리브 페이스트를 남은 올리브기름(b)과 섞어 풀어 준다.

큰 팬에 기름을 약간 둘러 중불에 달구고 생선의 껍질이 바닥에 닿도록 올린다. 노릇해질 때까지 3분간 지진다.

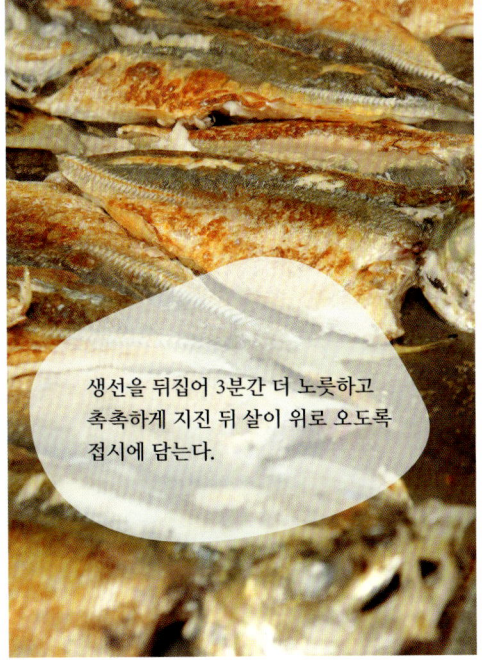

생선을 뒤집어 3분간 더 노릇하고 촉촉하게 지진 뒤 살이 위로 오도록 접시에 담는다.

생바질의 자잘한 잎만 따낸다. 토마토 비네그레트를 떠 생선에 끼얹고 생바질 잎을 흩뿌리고 올리브 페이스트를 점점이 올린다.

아몬드 비스킷

완성도가 떨어지니 12개보다 적게 만들지 않는 것이 좋다. 남은 쿠키는 밀폐 용기에 담아 며칠간 두고 먹을 수 있다.

•

비스킷은 어느 아이스크림과도 잘 어울리지만 엘불리에서는 누가 아이스크림에 곁들인다.

•

마르코나marcona는 스페인의 아몬드로 단맛이 난다. 질만 좋다면 어떤 품종의 아몬드라도 대신 쓸 수 있다.

	2인분	6인분(12개)	20인분	75인분
달걀흰자	–	1개분	95g	280g
설탕	–	135g	315g	945g
아몬드 가루	–	135g	315g	945g
구운 마르코나 통아몬드 (또는 통아몬드)	–	12개	150g	500g
아이스크림	–	300g	2kg	5kg

Start →

오븐을 180℃로 예열한다. 달걀흰자를 대접에 담아 스탠딩 믹서 또는 거품기를 끼운 손 블렌더로 뿔이 부드럽게 생길 때까지 올린다.

설탕을 더한다.

흰자의 뿔이 매끈하고 단단하게 올라올 때까지 마저 올린다.

아몬드 가루를 더하고 고무 스패출라로 포개듯 머랭에 잘 섞는다.

최대한 머랭이 꺼지지 않도록 주의한다.

제과제빵팬에 유산지를 깔고 반죽을 숟가락으로 떠서 올린다. 넉넉하게 간격을 둔다.

반죽마다 구운 마르코나 통아몬드를 올린다.

살짝 노릇해지고 부풀어 오를 때까지 14분간 굽는다.

잠시 그대로 두었다가 식힘망에 옮겨 마저 식힌다.

그대로 내거나 또는 아이스크림을 곁들여 내면 더욱 좋다.

Meal 11 식사 11

Fried eggs with asparagus
튀긴 달걀과 아스파라거스

—

Chicken wings with mushrooms
버섯 닭날개 구이

—

Sangria with fruit
과일 상그리아

튀긴 달걀과 아스파라거스

버섯 닭날개 구이

재료

살 재료
* 가는 아스파라거스
* 닭날개
* 버섯
* 생타임
* 핑크 그레이프프루트
* 오렌지
* 사과
* 배
* 복숭아
* 생박하

찬장의 재료
* 올리브기름
* 소금
* 통흑후추
* 마늘
* 월계수 잎
* 화이트 와인
* 레드 와인
* 설탕
* 쿠앵트로(오렌지 리큐어
  —옮긴이)
* 계핏가루

냉장고의 재료
* 달걀

과일 상그리아

메뉴 계획

1시간 15분 전
상그리아를 만들어 냉장고에 차게 둔다.

40분 전
닭날개를 노릇하게 지진다.

아스파라거스를 손질한다.

상그리아와 먹을 과일을 준비해서 냉장고에 차게 둔다.

10분 전
기름을 달궈 아스파라거스를 지진다.

닭날개를 마무리한다.

식사 직전
달걀을 튀겨 아스파라거스와 낸다.

디저트 먹기 직전
과일을 공기에 담고 상그리아를 끼얹은 뒤 박하 잎으로 마무리한다.

식사 전 시간
4
3½
3
2½
2
1½
1
½
식사 시작
디저트

튀긴 달걀과 아스파라거스

달걀 대신 저며낸 햄, 볶은 버섯이나 파드론 고추를 곁들일 수 있다.

•

달걀을 튀긴 기름은 걸러 고추 같은 재료를 튀기는 데 쓸 수 있다.

•

많이 만들 때는 달걀을 컵에 1개씩 미리 까서 담아 준비한다.

	2인분	6인분	20인분	75인분
아스파라거스 봉우리	14개	42개	140개	525개
올리브기름	200ml	500ml	2L	5L
달걀	4개	12개	40개	150개

Start →

아스파라거스의 밑동을 위쪽으로 잡고 구부린다. 아스파라거스가 부러지면서 질긴 밑동과 12cm 길이의 부드러운 부분으로 나뉜다.

아니면 질긴 부분을 한 번에 칼로 썬다.

달걀을 익히기 전 올리브기름 대부분을 우묵한 프라이팬에 붓고 중불에 올린다.

기름이 달궈지는 동안 다른 프라이팬을 센불에 올린다. 남은 기름을 약간 두르고 아스파라거스를 지진다.

아스파라거스를 규칙적으로 뒤적이며 부드러워질 때까지 3~4분간 익힌다. 접시에 담아 따뜻하게 둔다.

달걀을 깨서 컵에 담고 뜨거운 기름에 1개씩 미끄러지듯 조심스럽게 넣는다.

흰자는 바삭하게 노른자는 부드러운 상태로 1분 30초간 튀긴다.

구멍 뚫린 국자로 달걀을 건져 기름기를 잘 걷어 내고 아스파라거스 위에 올린다. 내기 전 소금으로 간한다.

달걀에 볶은 아스파라거스 대신 버섯(왼쪽)이나 파드론 고추(오른쪽)을 곁들여도 좋다.

버섯 닭날개 구이

양송이버섯이나 새송이,
만가닥(사진 참조) 같은 재배 버섯은
사시사철 살 수 있을 뿐만 아니라
이 레시피에 잘 어울린다.
살구버섯 같은 야생 버섯은 제철일 때
가격이 적당하니 잘 쓰면 요리가
한결 더 나아진다.

	2인분	6인분	20인분	75인분
닭날개	6개	18개	60개	225개
올리브기름	4큰술	100ml	900ml	2.1L
버섯	120g	360g	1.2kg	4.5kg
마늘	10쪽	30쪽	400g	1.4kg
월계수 잎(말린 것)	1장	3장	14장	38장
생타임	1대	3대	10대	30대
화이트 와인	4큰술	180ml	950ml	2.25L
물	50ml	150ml	300ml	1L

Start →

튼튼한 주방 가위나 가금류 가위로 닭날개의 끝을 잘라 내고 관절을 따라 반으로 나눈다.

소금과 후추로 간한다.

큰 팬에 올리브기름을 두르고 날개를 올린다.

노릇해질 때까지 규칙적으로 뒤적이며 30분간 살포시 익힌다.

그사이에 버섯을 손질한다.

Continue →

큰 버섯은 썬다.

마늘은 대강 썬다.

썬 마늘을 닭날개에 더하고 5분간 더 지진다.

월계수 잎과 생타임을 더한다.

화이트 와인을 붓는다.

불을 올려 와인이 살짝 졸아들 때까지 끓인다.

버섯을 더해 뒤적이며 2분간 더 익힌다.

물을 붓고 버섯이 부드러워질 때까지 그대로 5분간 더 보글보글 끓인다.

닭날개와 버섯을 함께 낸다.

과일 상그리아

엘불리에서는 그래니 스미스(사과), 블랑퀴야(배)를 쓰지만 다른 품종도 괜찮다.

	2인분	6인분	20인분	75인분
오렌지즙	2큰술	6큰술	900ml	2.4L
레드 와인	4큰술	180ml	800ml	2L
설탕	2작은술	2큰술	200g	680g
쿠앵트로	2작은술	1½큰술	125ml	375ml
계핏가루	1자밤	2자밤	2g	7g
레몬	½개	1개	2개	5개
핑크 그레이프프루트	½개	1개	5개	15개
오렌지	½개	1개	5개	15개
사과	½개	1개	5개	15개
배	½개	1개	5개	15개
복숭아	½개	1개	5개	15개
생박하	4장	12장	½단	1단

Start →

오렌지즙을 짠다.

고운 체에 내린다.

레드 와인을 붓는다.

설탕을 더한다.

마지막으로 쿠앵트로를 더한다.

Continue →

계핏가루를 섞는다.

레몬 겉껍질을 곱게 갈아 맛이 배도록 두고 과일을 손질한다.

그레이프프루트와 오렌지는 위와 아래를 썰어 내고 겉껍질과 속껍질을 벗긴다.

작은 대접을 받쳐 즙을 받으며 과육을 1쪽씩 썬다.

사과는 껍질을 벗기고 씨를 발라 1.5cm 폭으로 반달썰기한다.

배도 같은 요령으로 썬다.

복숭아도 껍질을 벗겨 반을 가른 뒤 씨를 발라내고 1.5cm 폭으로 반달썰기한다.

과일을 상그리아에 더해 1시간가량 재워 둔다.

과일을 건져 접시에 담고 생박하 잎을 몇 장 올린 뒤 상그리아를 끼얹는다.

Meal 12 식사 12

Potato salad
감자 샐러드

—

Thai beef curry
태국식 쇠고기 커리

—

Strawberries in vinegar
식초 캐러멜에 재운 딸기

감자 샐러드

재료

살 재료
* 큰 햇감자
* 골파
* 작은 파(또는 쪽파)
* 프랑크프루트 소시지
* 쇠고기 부챗살
* 생강
* 고수
* 중간 크기의 딸기

찬장의 재료
* 소금
* 거킨 오이 절임
* 케이퍼 절임
* 디종 머스터드
* 흑후추
* 올리브기름
* 노란색 태국 커리 페이스트
* 코코넛 밀크
* 설탕
* 레드 와인 식초

냉장고의 재료
* 마요네즈
* 생크림(유지방 35%)

:::::::::::::::::::
: 태국식   :
: 쇠고기 커리   :
:   -   :
:::::::::::::::::::

::::::::::::::::::::::
:   -   :
: 식초 캐러멜에 재운 :
:   딸기   :
:   -   :
::::::::::::::::::::::

메뉴 계획	식사 전 시간
	4
3시간 30분 전 커리를 만든다.(오븐을 쓸 경우)	3½
	3
	2½
2시간 전 캐러멜을 만들어 식힌다. 식초를 더하고 차게 둔다.	2
1시간 30분 전 샐러드의 감자를 삶은 뒤 은박지로 감싸 식힌다.	1½
1시간 전 커리를 만든다.(압력솥을 쓸 경우) 딸기와 식초 캐러멜을 버무려서 냉장고에 차게 둔다.	1
30분 전 감자의 껍질을 벗기고 썬다. 샐러드 재료를 준비한다. **먹기 직전** 감자와 드레싱을 버무리고 골파를 솔솔 뿌려 낸다. 코코넛 밀크와 고수를 더해 태국식 쇠고기 커리 요리를 마무리한다.	½
	식사 시작
디저트 먹기 직전 식초 캐러멜에 절인 딸기를 공기나 잔에 담는다.	
	디저트

감자 샐러드

이 독일식 감자 샐러드는 주요리에 곁들이로 잘 어울리고, 나들이 음식으로도 좋다.

•

삶은 감자를 은박지에 싸 두면 따뜻함이 유지되고 껍질 벗기기도 쉽다.

	2인분	6인분	20인분	75인분
큰 햇감자	2개	1.2kg	4kg	15kg
골파		1작은술	1½큰술	90g	325g
작은 파(또는 쪽파 흰 부분)	½대	2대	250g	850g
중간 크기의 거킨 오이 절임, 건진다	2개	6개	300g	1kg
프랑크푸르트 소시지	1개	180g	600g	2kg
마요네즈	2큰술	360g	1kg	3.5kg
생크림(유지방 35%)	1½큰술	150 ml	300g	900g
디종 머스터드	1½큰술	135g	400g	1.3kg
케이퍼 절임	2작은술	1½큰술	300g	1kg

Start →

큰 팬에 물을 끓여 소금으로 간하고 햇감자를 더한다. 부드러워질 때까지 20분가량 삶는다.

햇감자를 건져 1개씩 은박지로 싼다.

그사이 골파를 곱게 썬다.

파의 잎과 줄기를 잘라 나눈다.

줄기의 흰 부분만 곱게 썬다.

거킨 오이 절임을 1cm 폭으로 썬다.

Continue →

프랑크프루트 소시지를 썬다.

거품기로 마요네즈, 생크림, 디종 머스터드를 휘저어 섞는다. 소금과 후추로 간한다.

은박지에서 감자를 꺼내 껍질을 벗긴다.

감자를 3cm 길이로 깍둑 썰어 큰 대접에 담는다.

썬 파와 거킨 오이 절임, 소시지를 케이퍼 절임과 함께 삶은 감자에 더한다.

소스를 떠서 끼얹고 감자가 뭉개지지 않도록 조심스럽게 버무린다.

샐러드에 소금과 후추로 간한다.

곱게 썬 골파를 솔솔 뿌려 낸다.

태국식 쇠고기 커리

고기의 질긴 부위를 조리할 때는 압력솥이 좋다. 압력솥이 없다면 오븐을 160℃로 예열한다. 커리를 내화 캐서롤에 담고 뚜껑을 덮어 쇠고기가 아주 부드러워질 때까지 3시간가량 익힌다. 쇠고기를 건져 낸 뒤 소스가 걸쭉해지고 맛이 들 때까지 뭉근하게 끓인다.

•

부챗살을 찾을 수 없다면 허벅지나 정강이, 볼살을 대신 쓸 수 있다.

	2인분	6인분	20인분	75인분
쇠고기(부챗살)	330g	900g	3kg	12kg
생강	½작은술	2큰술	75g	270g
올리브기름	2큰술	80 ml	200 ml	500 ml
노란색 태국 커리 페이스트	½작은술	1작은술	40g	140g
생고수 잎	10장	1단	60g	220g
물	500 ml	1.5L	3.4L	13L
코코넛 밀크	100 ml	300 ml	1.3L	5L

Start →

쇠고기를 5mm 두께로 썬다. 3점이 1인분이다.

소금과 후추로 간한다.

생강은 껍질째 얇게 썰어 다진다.

압력솥을 중불에 올린다.

올리브기름을 두르고 생강을 더해 향이 피어오를 때까지 2분간 살포시 볶는다.

커리 페이스트를 더해 섞는다.

Continue →

생고수 잎의 절반을 더한다.

물을 더한다.

코코넛 밀크의 ¾를 더한다.

쇠고기를 더한다.

압력솥의 뚜껑을 덮고 중불에서 50분간 끓인다. 뚜껑을 열고 국물이 걸쭉하고 맛이 들 때까지 보글보글 끓인다.

남은 코코넛 밀크를 더한다.

남은 고수 잎을 더하고 간을 확인하며 조절한다.

커리를 낸다.

식초 캐러멜에 재운 딸기

레드 와인 식초가 있으면 가장 좋지만,
카베르네 소비뇽이나
발사믹 식초로 대체할 수 있다.

	2인분	6인분	20인분	75인분
설탕	3큰술	175g	600g	2.2kg
끓는 물	1큰술	65 ml	210 ml	800 ml
레드 와인 식초	2큰술	75 ml	240 ml	900 ml
중간 크기의 딸기	10개	600g	2kg	7.5kg

Start →

설탕을 넓은 소스팬에 담고 약-중불에 올린다.

색이 짙어지며 캐러멜이 된다.

휘저어 고르고 짙은 색의 캐러멜을 끓인다.

금속 국자에 끓는 물을 담아 조심스레 붓는다. 부글부글 끓어오르는 캐러멜에 데지 않도록 조심한다. 끓인 캐러멜은 조금 식힌다.

레드 와인 식초를 부어 잘 섞는다.

Continue →

캐러멜을 냉장고에서 식혀 걸쭉하게 만든다.

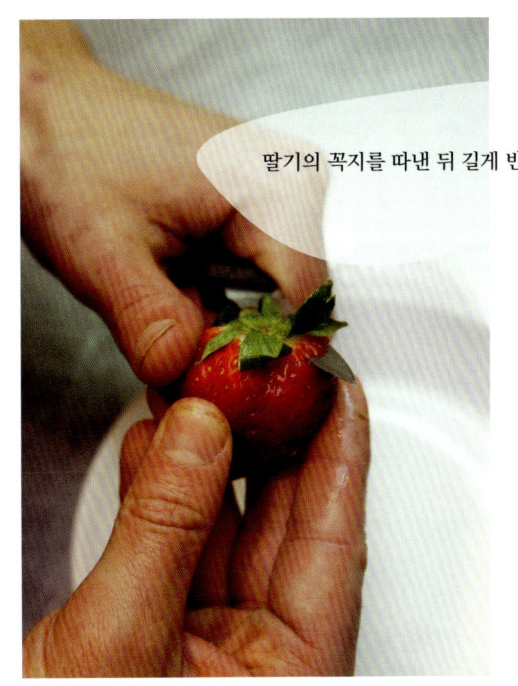

딸기의 꼭지를 따낸 뒤 길게 반으로 가른다.

딸기를 대접에 담고 식초 캐러멜을 끼얹는다.

식탁에 내기 1시간 전에 만들어 냉장고에서 재워 둔다.

Meal 13 식사 13

Farfalle with pesto
페스토 파르팔레

—

Japanese-style bream
일본식 도미찜

—

Mandarins with Cointreau
쿠앵트로 소스로 맛을 낸 귤

페스토
파르팔레

일본식
도미찜

재료

살 재료
* 도미
* 쪽파
* 고수
* 생강
* 귤

찬장의 재료
* 소금
* 파르팔레
* 엑스트라버진 올리브기름
* 식용유
* 간장
* 쿠앵트로
* 데메라라 설탕

냉장고의 재료
* 파르미지아노 치즈

냉동고의 재료
* 페스토(46쪽 참조)
* 바닐라 아이스크림

쿠앵트로 소스로 맛을 낸 귤

메뉴 계획

1시간 전
생선을 씻어 내장을 발라낸다.
유산지에 싸서 냉장고에 둔다.

30분 전
생선찜의 양파, 고수, 생강을 썬다.

25분 전
귤의 즙을 짜고 남은 귤의 껍질을 벗긴다.

10분 전
파스타를 삶는다.

찜기의 물을 끓인다.

먹기 직전
파스타 삶은 물로 페스토를 잘 푼다.

파스타를 먹는 동안 생선을 찐다.

주요리 먹기 직전
기름을 달궈 생강을 튀긴다.

맛기름을 숟가락으로 떠 생선에 끼얹는다.

디저트 먹기 직전
쿠앵트로와 귤 즙을 귤에 끼얹는다.

식사 전 시간

4
3½
3
2½
2
1½
1
½

식사 시작
주요리
디저트

페스토 파르팔레

페스토(46쪽 참조)는 미리 만들어 얼려 둘 수 있다. 다만 미리 해동해야 한다.

•

내기 전 파스타 삶은 물을 페스토 150g에 2큰술씩 더한다. 이는 페스토를 부드럽게 풀고 온도도 올려 준다.

•

좋아하는 파스타를 파르팔레 대신 쓸 수 있다.

	2인분	6인분	20인분	75인분
물	1.5L	3L	6L	22L
소금	1자밤	2자밤	60g	500g
파르팔레	200g	600g	2kg	7.5kg
파르미지아노 치즈	60g	180g	600g	2kg
엑스트라버진 올리브기름	3큰술	120 ml	400 ml	1.5L
페스토(46쪽 참조)	150g	450g	1.5kg	5.5kg

Start →

큰 팬에 물을 끓인다. 소금으로 간하고 파르팔레를 더한다.

한 번 젓고 부드러우면서도 심이 씹히도록 8~10분간 삶는다. (포장지의 조리법을 참고한다.)

파스타를 삶는 동안 파르미지아노 치즈를 곱게 간다.

파스타 삶은 물을 덜어 둔다. 2인분에 2큰술, 6인분에 6큰술, 20인분이면 300ml, 75인분에 1L다. 그리고 파스타를 건진다.

파스타를 다시 팬에 담고 눌어붙지 않도록 엑스트라버진 올리브기름을 끼얹어 버무린다.

덜어 둔 파스타 삶은 물을 페스토 소스에 붓고 잘 저으며 푼다.

파르팔레를 수프 접시나 얕은 대접에 담는다.

페스토 소스를 떠 올린다.

곱게 간 파르미지아노 치즈를 솔솔 뿌려 낸다.

일본식 도미찜

생선 비늘을 벗기거나 내장을 발라내는 손질은 생선 가게에 부탁해도 좋다.

•

생선을 그릴에 구워도 좋다.

•

농어나 남방대구, 작은 넙치를 써도 좋다.

	2인분	6인분	20인분	75인분
도미(350g짜리)	2마리	6마리	20마리	75마리
작은 파(또는 쪽파 흰 부분)	1대	2대	300g	1kg
생고수	6대	30대	80g	300g
생강	20g	60g	200g	750g
식용유	3큰술	150 ml	400 ml	1.5L
간장	1½큰술	4큰술	200 ml	750 ml

Start →

도미를 칼등으로 꼬리부터 머리 방향으로 훑어 비늘을 긁어낸다.

가위로 지느러미를 잘라 낸다.

배를 따라 머리 바로 아래까지 가위로 자른다.

손이나 숟가락으로 내장을 발라낸다.

흐르는 찬물에 피를 씻어 낸다.

Continue →

유산지를 넉넉하게 잘라 생선을 가볍게 감싼다.

찜기의 바닥에 물을 채우고 불에 올린다.

생선을 소금으로 간한 다음 등뼈에서 살이 쉽게 떨어져 나올 정도로 익을 때까지 12분간 삶는다.

생선이 익는 동안 소스팬에 식용유와 생강을 담아 중불에 올린다. 생강이 튀겨지기 시작할 때까지 둔다.

생선이 익으면 접시에 담아 양파와 고수를 흩뿌린다.

뜨거운 생강 기름을 조심스레 숟가락으로 떠서 끼얹고 양파와 고수를 지글지글 익힌다.

간장을 끼얹어 마무리한다.

쿠앵트로 소스로 맛을 낸 귤

아이스크림을 잘 퍼낼 수 있도록 냉동고에서 먹기 10분 전에 꺼낸다.

•

귤은 물론 천혜향 등의 개량종으로 만들 수 있으며, 쿠앵트로 대신 그랑 마니에르를 쓸 수 있다.

	2인분	6인분	20인분	75인분
귤	3개	9개	30개	112개
쿠앵트로	1½큰술	4큰술	80 ml	300 ml
데메라라 설탕	1큰술	2큰술	65g	200g
바닐라 아이스크림	2스쿱	6스쿱	500g	2kg

Start →

귤의 ⅛은 즙을 짠다.

남은 귤은 껍질을 벗겨 1쪽씩 나눈다.

귤 조각을 공기에 꽃 모양으로 담는다. 귤 1개가 1인분이다. 쿠앵트로를 떠서 끼얹는다.

데메라라 설탕을 솔솔 뿌린다.

귤즙을 끼얹는다.

내기 직전 바닐라 아이스크림을 1스쿱(또는 럭비공 모양으로) 떠서 과일 위에 올린다.

Meal 14 식사 14

Tomato & basil salad
토마토 바질 샐러드

—

Crab & rice stew
게와 쌀 스튜

—

Coconut flan
코코넛 플란

토마토 바질 샐러드

재료

살 재료
* 큰 토마토(익은 것)
* 생바질
* 작은 게
* 코코넛 밀크
* 건조 혹은 생코코넛

찬장의 재료
* 소금
* 엑스트라버진 올리브기름
* 셰리 식초
* 올리브기름
* 쌀(파에야용)
* 화이트 와인
* 흑후추
* 설탕

냉장고의 재료
* 달걀

냉동고의 재료
* 생선 육수(56쪽 참조)
* 소프리코(43쪽 참조)
* 피카다(41쪽 참조)

게와 쌀 스튜

코코넛 플란

메뉴 계획

4시간 전
크렘 캐러멜을 만들어 냉장고에 차게 둔다.

30분 전
게를 노릇하게 지진다. 쌀을 끓이기 시작한다.

쌀이 익는 동안 샐러드의 토마토를 손질하고 바질 잎을 딴다.

먹기 직전
기름과 식초로 샐러드를 마무리한다.

주요리 먹기 직전
게와 피카다를 스튜에 더한다.

디저트 먹기 직전
플란을 몰드에서 꺼낸다.

식사 전 시간

- 4
- 3½
- 3
- 2½
- 2
- 1½
- 1
- ½
- 식사 시작
- 주요리
- 디저트

토마토 바질 샐러드

여름에 잘 익은 토마토를 위한 레시피이지만
라프raf와 같은 맛있는 겨울 품종을 써도 좋다.

•

부스러지는 질감과 살짝 아삭한 맛을
좋아한다면 바닷소금으로
토마토를 간해도 좋다.

	2인분	6인분	20인분	75인분
큰 토마토(익은 것)	3개	9개	2.5kg	8kg
생바질	30장	45g	2단	5단
엑스트라버진 올리브기름	4큰술	180 ml	600 ml	2.2L
셰리 식초	2작은술	1½큰술	60 ml	150 ml

Start →

작은 칼로 토마토의 꼭지를 파내고
주변의 질긴 섬유질도 베어 낸다.

사과처럼 토마토의 껍질을 벗긴다.

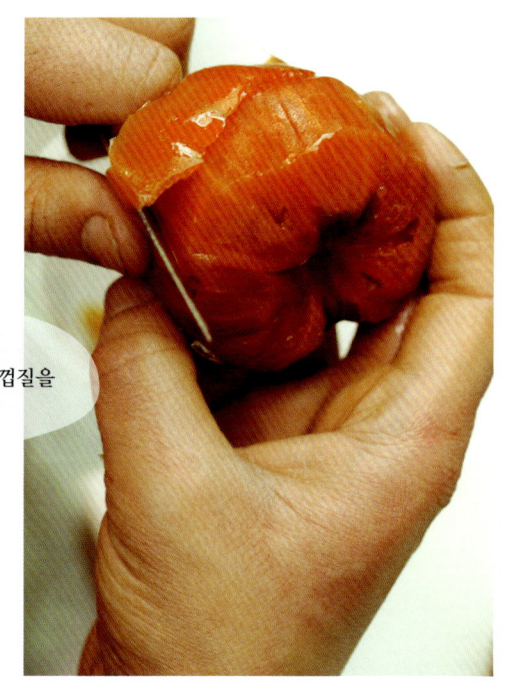

5mm 두께로 썬다.

Continue →

토마토를 접시에 담는다.

소금으로 간한다.

생바질 잎을 따내고 큰 이파리는 잘게 찢는다.

엑스트라버진 올리브기름을 끼얹고 바질을 흩뿌린다.

셰리 식초를 몇 방울 올린다.

게와 쌀 스튜

작은 게는 연약하여 다리가 쉽게 부러질 수 있으니 다시 스튜에 더한 뒤에는 젓지 않는다.

•

아주 작은 게는 다리를 먹기 어려울 수 있으니 몸통만 넣어 스튜를 끓인다.

•

피카다 대신 아이올리(53쪽 참조)를 써도 좋다.

	2인분	6인분	20인분	75인분
생선 육수(56쪽 참조)	1.2L	3.6L	9L	30L
올리브기름	1½큰술	100 ml	500 ml	1L
작은 게	15마리	700g	2.5kg	8.5kg
소프리토(43쪽 참조)	1½큰술	100g	300g	1kg
쌀(파에야용)	200g	600g	2kg	7.5kg
화이트 와인	1½큰술	50 ml	150 ml	500 ml
피카다(41쪽 참조)	2작은술	2큰술	125g	400g

Start →

생선 육수를 소스팬에 붓고 보글보글 끓인다.

큰 소스팬을 센불에 달구고 올리브기름을 두른 다음 게를 더한다.

게를 노릇하게 지진 뒤 꺼내 둔다.

불을 살짝 줄이고 게를 지진 팬에 소프리토를 더한다.

쌀을 더한다.

코코넛 플란

완성도가 떨어지니 5인분 이하로는 만들지 않는 것이 좋다. 그보다 적은 사람이 먹는다면 남은 플란은 냉장고에 3일간 두고 먹을 수 있다.

•

생 또는 말린 코코넛 모두 쓸 수 있다.

•

개인 틀이나 팀발레에 담아 플란을 만들 수 있는데, 그럴 경우 조리 시간을 15~20분 정도 줄인다.

	2인분	5인분	20인분	75인분
크렘 캐러멜:				
물	–	2작은술	2큰술	100 ml
설탕	–	30g	100g	1kg
코코넛 플란:				
달걀	–	2개	8개	32개
코코넛 밀크	–	250g	1kg	4kg
코코넛 과육(간 것)	–	15g	60g	450g
설탕	–	25g	100g	400g

Start →

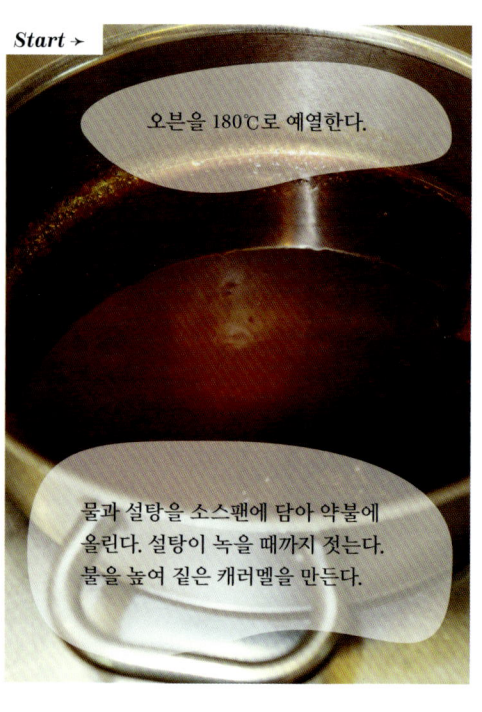

오븐을 180℃로 예열한다.

물과 설탕을 소스팬에 담아 약불에 올린다. 설탕이 녹을 때까지 젓는다. 불을 높여 짙은 캐러멜을 만든다.

캐러멜을 개인용 혹은 큰 틀에 나눠 담아 식힌다.

달걀을 깨서 큰 대접에 담고 거품이 일고 가벼워질 때까지 거품기로 휘젓는다.

코코넛 밀크, 간 코코넛 과육, 설탕을 다른 큰 대접에 담고 거품기로 휘저어 설탕을 녹인다.

달걀을 더하고 거품기로 고르게 휘저어 섞는다.

캐러멜을 채운 틀에 붓는다.

Continue →

틀을 은박지로 덮고 통구이팬에 담는다.

틀의 절반이 담길 만큼 찬물을 붓는다. 물이 끓지 않도록 살펴보며 30분간 굽는다.

크렘 캐러멜이 익으면(만져서 단단한지 확인한다.) 물에 잠긴 채로 식힌 뒤 꺼내 냉장고에 차게 둔다.

칼을 틀 전체에 둘러 코코넛 플란을 떼어 낸다.

크렘 캐러멜을 조심스레 틀에서 꺼낸다.

2cm 두께로 썬다.

코코넛 밀크 몇 숟가락을 코코넛 플란 주위에 뿌린다.

Meal 15 식사 15

Bread & garlic soup
빵과 마늘 수프

—

Mexican-style slow-cooked pork
멕시코식 느리게 익힌 돼지고기

—

Figs with cream & kirsch
키르슈 크림 무화과

빵과 마늘 수프

멕시코식 느리게 익힌 돼지고기

재료

살 재료
* 흰 시골빵
* 돼지 목살(뼈를 발라내고 묶음)
* 적양파
* 작은 하바네로 고추
* 무화과
* 오렌지
* 라임

찬장의 재료
* 올리브기름
* 마늘
* 소금
* 흑후추
* 파프리카 가루(순한 맛)
* 오레가노(말린 것)
* 커민 가루
* 화이트 와인 식초
* 아치오테 페이스트
* 양파
* 밀가루 토르티아
* 키르슈
* 설탕

냉장고의 재료
* 달걀
* 생크림(유지방 35%)

냉동고의 재료
* 닭 육수(57쪽 참조)

키르슈 크림 무화과

메뉴 계획

<u>2일~24시간 전</u>
돼지고기의 재움 양념을 만든다.
돼지고기를 양념에 재운다.

<u>4시간 전</u>
돼지고기를 익힌다.

<u>30분 전</u>
마늘과 빵 수프를 끓인다.

돼지고기 요리에 들어갈
적양파와 고추를 썬다.

무화과를 손질해 공기에 담는다.
키르슈를 조금 뿌린다.

키르슈로 맛을 낸 크림을 올려
냉장고에 둔다.

<u>5분 전</u>
달걀을 원하는 만큼 익혀
수프와 낸다.

돼지고기를 찢어 접시에 담는다.

토르티아를 프라이팬에 지진다.

<u>디저트 먹기 직전</u>
키르슈 크림을 무화과에 올려
낸다.

식사 전 시간

- 4
- 3½
- 3
- 2½
- 2
- 1½
- 1
- ½

식사 시작

디저트

빵과 마늘 수프

삶은 달걀 혹은 수란을 올리면 더 맛있다.
엘불리에서는 저온 조리로 익히기도 한다.
달걀이 아주 부드럽고 비단처럼 매끄러워진다.

•

파프리카 가루 대신
스페인의 초리세로 고추를 쓸 수 있다.
스페인 식품 전문점이나 델리에서 판다.

	2인분	6인분	20인분	75인분
올리브기름	80ml	240ml	800ml	3L
시골빵(500g짜리), 50g으로 썬다	2쪽	6쪽	800g	3kg
마늘	2쪽	6쪽	180g	600g
파프리카 가루(순한 맛)	2작은술	4작은술	8g	25g
닭 육수(57쪽 참조)	450ml	1.5L	4.5L	16L
달걀	2개	6개	20개	75개

Start →

중불에 프라이팬을 올리고 올리브기름 절반을 달군다. 기름이 뜨거워지면 시골빵을 넣는다.

빵이 노릇하게 잘 튀겨지면 꺼내 기름을 없앤다.

마늘을 대강 으깬다.

큰 소스팬을 중불에 올리고 남은 기름을 두른다. 마늘을 더해 노릇하게 지진다.

마늘이 노릇해지면 파프리카 가루를 더한다.

Continue →

지진 빵과 닭 육수를 더한다.

소금과 후추로 간한다.

20분간 보글보글 끓인 뒤 손 블렌더로 간다.

그사이 달걀을 원하는 정도로 익힌다.(383쪽 레시피 노트 참조)

매끄럽고 맛있는 수프가 완성된다.

수프에 익힌 달걀을 올려 낸다.

멕시코식 느리게 익힌 돼지고기

코니치타 피빌cochinita pibil이라 부르는 이 음식은 유카탄 반도에서 유래되었다. 멕시코에서는 화이트 와인 식초 대신 사과술 식초를 쓴다.

•

시간이 있다면 돼지고기를 양념에 재워 냉장고에 12시간 둔다. 시간이 없다면 30분만 재우고도 만들 수 있다.

•

아치오테achiote 또는 아나토annatto는 멕시코와 페루가 원산지인 관목 식물이다. 이 식물의 열매는 색소나 조미료로 쓰인다. 아치오테 페이스트는 식품 전문 매장이나 델리에서 살 수 있다. 찾을 수 없다면 오렌지와 레몬즙, 후추와 사프란을 섞어 대체할 수 있지만 결과물은 다를 것이다.

•

밀가루 토르티아나 옥수수 가루 토르티아 모두 쓸 수 있다.

	2인분	6인분	20인분	75인분
오렌지즙	50ml(1개분)	150ml(2개분)	500ml	1.5L
오레가노(말린 것)	1자밤	2자밤	½작은술	2작은술
커민(말린 것)	1자밤	2자밤	0.6g	2g
화이트 와인 식초	2작은술	2큰술	80ml	300ml
아치오테 페이스트	60g	180g	600g	2kg
올리브기름	1½큰술	4큰술	150ml	500ml
돼지 목살, 뼈 발라 묶는다	350g	1kg	3.5kg	12kg
소금	1자밤	2자밤	150g	500g
양파	¼개	1개	125g	350g
적양파	½개	2개	750g	2.5kg
작은 하바네로 고추	¼개	½개	1개	2개
라임즙	1큰술(½개분)	3큰술(1개분)	60ml	200ml
밀가루 토르티아	2장	6장	20장	75장

Start →
공기에 오렌지즙, 오레가노, 커민, 화이트 와인 식초, 아치오테 페이스트와 올리브기름을 담고 거품기로 휘저어 섞는다.

손 블렌더로 매끈하게 간다.

양념이 잘 배도록 고기를 칼끝으로 돌아가며 찌른다. 소금과 후추로 간한다.

Continue →

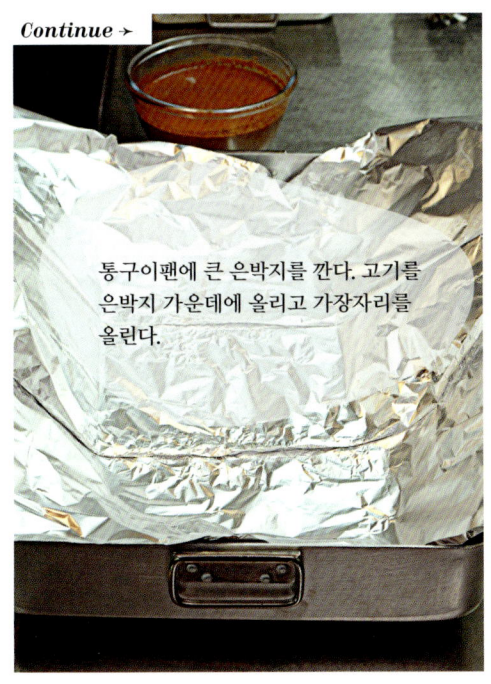

통구이팬에 큰 은박지를 깐다. 고기를 은박지 가운데에 올리고 가장자리를 올린다.

재움 양념을 끼얹는다.

양파를 굵게 썬다.

고기에 양파를 고루 뿌린다.

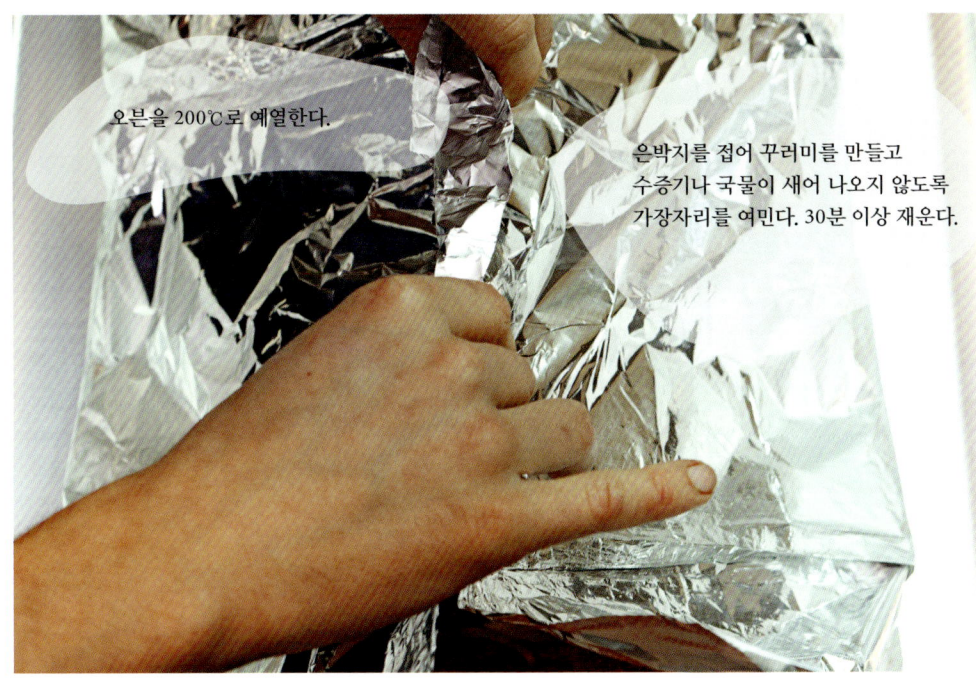

오븐을 200℃로 예열한다.

은박지를 접어 꾸러미를 만들고 수증기나 국물이 새어 나오지 않도록 가장자리를 여민다. 30분 이상 재운다.

돼지고기를 오븐에 1시간 30분간 익힌다. 익는 동안 적양파를 곱게 다진다.

Continue →

하바네로 고추는 씨를 발라내고 곱게 채 썬다.

다진 적양파와 고추를 섞고 라임즙을 더한 뒤 소금으로 간한다.

고기가 익으면 오븐에서 꺼내 20분간 둔다.

그사이 기름을 두르지 않은 팬에 토르티아를 구운 뒤 은박지로 감싸 따뜻하게 둔다.

묶은 실을 잘라 내고 고기를 두툼하게 썬다.

접시에 고기를 담고 손가락으로 찢는다.

소스를 떠서 고기 위에 끼얹는다.

돼지고기에 따뜻한 토르티아와 적양파 살사를 곁들여 낸다.

키르슈 크림 무화과

키르슈는 도수가 높은 체리 브랜디이다. 독일, 스위스, 오스트리아, 프랑스의 알사스나 프랑슈콩테 지방에서 빚는다.

•

키르슈가 없다면 마라스치노 체리 리큐어나 화이트 럼처럼 색깔 없는 양주를 쓴다.

	2인분	6인분	20인분	75인분
무화과(익은 것)	3개	9개	35개	120개
키르슈	2작은술(a)	2큰술(a)	4큰술(a)	250ml(a)
	1작은술(b)	2작은술(b)	1큰술(b)	50ml(b)
생크림(유지방 35%)	4큰술	180ml	600ml	2L
설탕	1작은술	1½큰술	80g	300g

Start →

무화과를 세로로 길게 4등분한다.

썬 무화과 6쪽을 공기에 담고 키르슈(a)를 졸졸 뿌려 끼얹는다.

생크림에 뿔이 부드럽게 올라오도록 설탕을 넣고 거품기로 휘젓는다.

크림에 키르슈(b)를 더하고 좀 더 걸쭉해지도록 거품기로 휘저어 올린다.

크림을 떠서 무화과에 올려 낸다.

Meal 16 식사 16

Noodles with shiitake & ginger

표고버섯 생강 볶음국수

—

Duck with chimichurri sauce

치미추리 소스로 맛을 낸 오리 가슴살

—

Pistachio custard

피스타치오 커스터드

표고버섯 생강 볶음국수

재료

살 재료
* 베이컨
* 작은 파(또는 쪽파)
* 생강
* 숙주나물
* 오리 가슴살

찬장의 재료
* 표고버섯(말린 것)
* 굴소스
* 간장
* 중국 소흥주
* 참기름
* 중간 굵기 달걀면
* 올리브기름
* 시치미토가라시 양념
* 소금
* 통흑후추
* 설탕
* 피스타치오(껍데기 벗긴 것)

냉장고의 재료
* 치미추리 소스(51쪽 참조)
* 지방을 걷어 내지 않은 우유
* 생크림(유지방 35%)

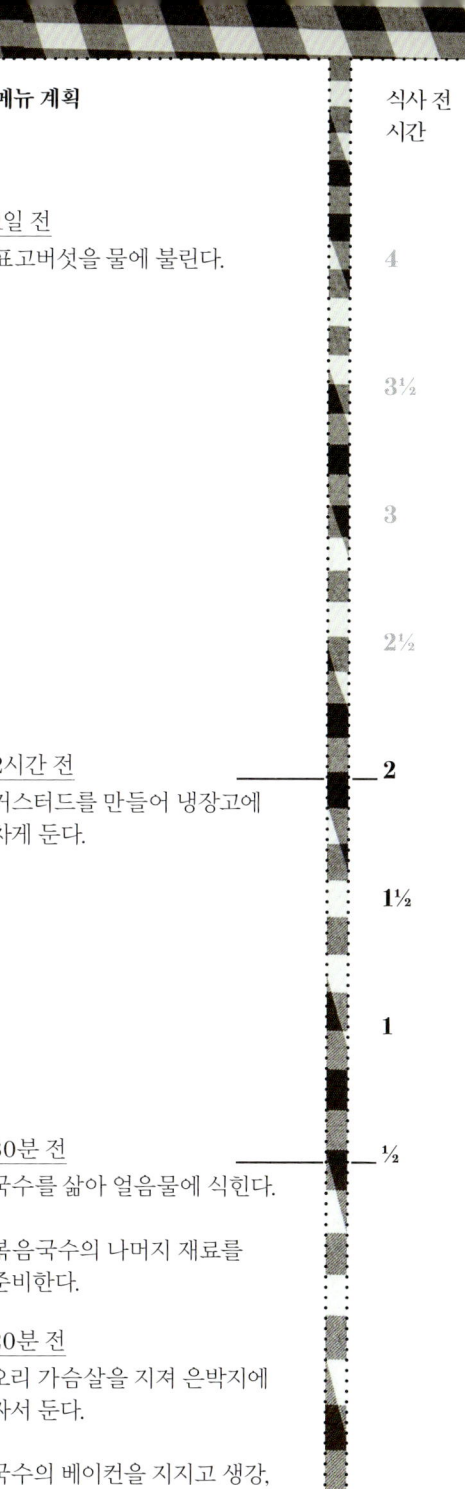

치미추리 소스로 맛을 낸 오리 가슴살

피스타치오 커스터드

메뉴 계획

1일 전
표고버섯을 물에 불린다.

2시간 전
커스터드를 만들어 냉장고에 차게 둔다.

30분 전
국수를 삶아 얼음물에 식힌다.

볶음국수의 나머지 재료를 준비한다.

20분 전
오리 가슴살을 지져 은박지에 싸서 둔다.

국수의 베이컨을 지지고 생강, 버섯, 양파를 볶는다.

5분 전
삶아 식힌 국수를 건져 숙주나물, 채소와 함께 5분 볶은 뒤 소스를 더해 버무린다.

주요리를 먹기 직전
오리 가슴살을 썰어 접시에 치미추리와 함께 낸다.

식사 전 시간

4
3½
3
2½
2
1½
1
½

식사 시작

주요리

표고버섯 생강 볶음국수

엘불리에서는 종종 생강 대신 생강 기름을 쓴다.

•

시치미토라가시shichimi togarashi는 7가지 양념을 배합해서 만든 일본 양념으로, 매운맛을 낸다.

•

소홍주, 표고버섯, 시치미토가라시, 굴소스와 달걀면은 모두 아시아 식품점이나 큰 슈퍼마켓에서 살 수 있다.

	2인분	6인분	20인분	75인분
표고버섯(말린 것)	6개	80g	160g	600g
굴소스	3작은술	100g	400g	1.4kg
간장	3작은술	100ml	350ml	1.4L
중국 소홍주	3작은술	100ml	350ml	1.4L
참기름	1큰술	60ml	180ml	650ml
중간 굵기 달걀면	120g	360g	1.2kg	4kg
베이컨	80g	240g	800g	3kg
작은 파(또는 쪽파 흰 부분)	1대	2대	1.2kg	4kg
생강	1작은술	20g	30g	100g
올리브기름	2작은술	2큰술	300ml	1L
숙주나물	35g	100g	350g	1.2kg
시치미토가라시	1자밤	2자밤	6g	20g

Start →

표고버섯을 큰 대접에 담고 찬물을 넉넉히 부어 12시간가량 불린다.

부드러워진 표고버섯의 기둥을 잘라 낸다.

버섯의 갓만 길게 썬다.

굴소스를 대접에 담는다.

간장, 소흥주, 참기름을 더한다.

거품기로 섞는다.

대접에 찬 얼음물을 담고 소금을 탄다.

팬에 물을 끓여 달걀면을 넣는다. 부드러워질 때까지 3분간 삶는다. (포장지의 조리법을 확인한다.)

삶은 달걀면의 물기를 잘 빼고 얼음물에 담근다.

달걀면을 완전히 식힌다.

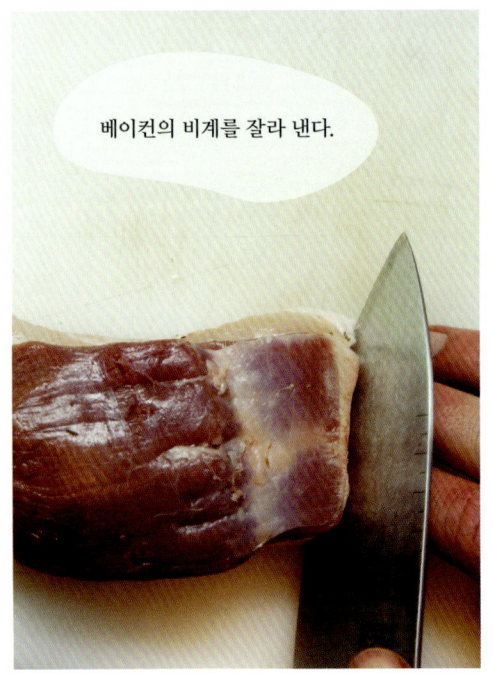
베이컨의 비계를 잘라 낸다.

얇게 썬다.

파를 대강 썰고 시든 숙주는 골라서 버린다.

작은 숟가락으로 생강 껍질을 벗긴다.

생강을 썰어 곱게 다진다.

큰 팬이나 웍에 올리브기름을 두르고 데운 다음 베이컨을 더하고 노릇해질 때까지 지진다.

Continue ➤

다진 생강과 표고버섯을 더해
1~2분간 볶는다.

양파를 더해 노릇해질 때까지
자주 저으며 볶는다.

완성된 국수를 건져
숙주나물과 함께 팬에
더한다.

5분간 볶은 뒤 만들어 둔
간장 양념을 더하고 잘 버무린다.

국수를 접시에 담고
시치미토가라시를 약간 뿌린다.

치미추리 소스로 맛을 낸 오리 가슴살

치미추리는 파슬리, 마늘, 향신료, 올리브기름과 식초로 만드는 소스다. 남아메리카에서 시작된 소스이며, 대개는 스테이크에 곁들이지만 오리고기와도 잘 어울린다.

	2인분	6인분	20인분	75인분
오리 가슴살	1쪽	3쪽	8쪽	25쪽
치미추리 소스(51쪽)	110g	340g	1.1kg	4kg

Start →

날카로운 칼로 오리 가슴살에 1cm 간격으로 살짝 칼금을 넣는다. 이때 가슴살을 깊이 썰지 않도록 주의한다. 소금과 후추로 간한다.

큰 프라이팬을 센불에 올리고 껍질 쪽이 바닥에 닿도록 가슴살을 놓는다. 껍질이 노릇해질 때까지 3분간 지진다.

오리 가슴살을 뒤집어 살 부분을 3분간 지진 뒤 불에서 내린다.

은박지로 감싸 15분간 둔다.

가슴살을 3mm 두께로 썰어 접시에 겹쳐 담는다.

소금과 후추로 간하고 치미추리 소스를 떠서 끼얹는다.

피스타치오 커스터드

커스터드는 80℃ 정도가 되면 걸쭉해지는데, 조리용 온도계가 없다면 숟가락으로도 확인할 수 있다. 숟가락 뒷면에 커스터드가 얇은 막처럼 씌워지면 충분히 걸쭉해진 것이다.

	2인분	6인분	20인분	75인분
지방을 걷어 내지 않은 우유	200ml	600ml	2L	8L
생크림(유지방 35%)	50ml	150ml	500ml	2L
달걀노른자	2개분	6개분	400g	1.6kg
설탕	45g	135g	450g	1.8kg
피스타치오(껍데기 벗긴 것)	35g	105g	350g	1.4kg

Start →

우유와 생크림을 소스팬에 부어 끓인다.

그사이 달걀노른자와 설탕을 큰 대접에 담아 거품기로 휘저어 섞는다.

계속 휘저으며 끓인 우유와 크림을 붓고 커스터드를 만든다.

팬에 커스터드를 다시 담아 약불에 올린다. 스패출라로 자주 저으며 걸쭉해질 때까지 5~10분간 끓인다.

피스타치오를 대접에 담고 뜨거운 커스터드를 붓는다.

푸드 프로세서나 손 블렌더로 매끈하고 크림처럼 부드러워질 때까지 간다.

작은 잔이나 공기에 담아 냉장고에서 완전히 식힌다.

Meal 17 식사 17

Baked potatoes with romesco sauce
로메스코 소스로 맛을 낸 감자 통구이

—

Whiting in salsa verde
살사 베르데 명태

—

Rice pudding
쌀 푸딩

로메스코 소스로 맛을 낸 감자 통구이

살사 베르데 명태

재료

살 재료
* 작은 햇감자
* 생물 명태
* 생파슬리
* 레몬

찬장의 재료
* 작은 양파
* 마늘
* 소금
* 엑스트라버진 올리브기름
* 밀가루
* 쌀(푸딩용)
* 설탕
* 계핏가루

냉장고의 재료
* 지방을 걷어 내지 않은 우유
* 버터
* 생크림(유지방 35%)

냉동고의 재료
* 로메스코 소스(45쪽 참조)
* 생선 육수(56쪽 참조)

쌀 푸딩

메뉴 계획	식사 전 시간
	4
	3½
	3
	2½
	2
최소 1시간 전 쌀 푸딩을 만들어 냉장고에 차게 둔다.	1½
1시간 전 감자와 양파를 굽는다. 생선을 토막치고 마늘과 파슬리를 썬다.	1
25분 전 명태를 살사 베르데에 익힌다.	½
먹기 직전 구운 감자와 양파를 반으로 가른다.	식사 시작
주요리를 먹기 직전 생선을 접시에 올리고 살사 베르데를 끼얹는다.	주요리
디저트를 먹기 직전 쌀 푸딩에 계핏가루를 솔솔 뿌린다.	디저트

로메스코 소스로 맛을 낸 감자 통구이

카탈루냐 지방 타라고나가 고향인 로메스코 소스는 헤이즐넛, 빨간색 파프리카, 셰리 식초와 올리브기름으로 만든다. 해산물이나 채소, 닭고기에 곁들인다.

	2인분	6인분	20인분	75인분
작은 햇감자	4개	12개	3kg	10kg
작은 양파(껍질째)	2개	6개	2kg	7.5kg
로메스코 소스(45쪽 참조)	130g	400g	1.3kg	5kg

Start →

오븐을 200℃로 예열한다. 햇감자를 1개씩 은박지로 싼다.

햇감자와 양파를 통구이팬에 담아 35~40분간 굽는다.

햇감자와 양파가 부드러워지고, 양파의 껍질이 군데군데 그을면 다 익은 것이다.

양파와 햇감자를 반으로 가른다. 접시에 담는다.

입맛에 따라 소금으로 간하고, 뜨거운 채소 위에 로메스코 소스를 떠서 올린다.

살사 베르데 명태

생선 비늘을 벗기거나 내장을 발라내는 손질은 생선 가게에 부탁해도 좋다.

도미 같은 흰살 생선은 물론 갑각류도 대신 쓸 수 있다. 살사 베르데에 3~5분간 익힌다.

	2인분	6인분	20인분	75인분
생물 명태(250g짜리), 손질한다	2마리	6마리	20마리	75마리
소금	1자밤	2자밤	25g	100g
마늘	1쪽	3쪽	40g	130g
엑스트라버진 올리브기름	1½큰술	5큰술	350ml	1L
생파슬리	1½큰술	4큰술	1단	3단
밀가루	1작은술	1½큰술	80g	200g
물	175ml	500ml	1.5L	4L

Start →

명태의 머리를 잘라 내고 몸통을 2등분한다. 소금으로 간한다.

살사 베르데를 만든다. 마늘을 곱게 다진다.

큰 팬을 약불에 올리고 엑스트라버진 올리브기름을 붓는다. 마늘을 더해 부드럽지만 노릇해지지는 않도록 1~2분간 지진다.

생파슬리를 곱게 다진다.

Continue →

쌀 푸딩

쌀 푸딩은 유럽, 라틴 아메리카, 아시아에서 흔한 디저트다. 요리법은 비슷하지만, 맛을 내는 재료들에 따라 달라진다. 바닐라, 계피, 레몬 겉껍질, 둘세 데 레체(우유 캐러멜), 사프란, 카르다몸, 포트 와인 등이 쓰인다.

•

단립종 쌀이면 어떤 것이나 쓸 수 있다.

	2인분	6인분	20인분	75인분
지방을 걷어 내지 않은 우유	320ml	1L	3.5L	13L
생크림(유지방 35%)	4큰술	175ml	800ml	2.8L
레몬 겉껍질(5cm)	1점	2점	레몬 ½개분	레몬 1개분
통계피	¼개	½개	1개	2개
쌀(푸딩용)	80g	240g	800g	3kg
설탕	50g	135g	600g	1.8kg
버터, 깍둑 썬다	20g	60g	200g	700g
계핏가루	1자밤	2자밤	20g	70g

Start →

우유와 생크림을 큰 소스팬에 붓는다.

레몬 겉껍질과 통계피를 더해 5분간 우려낸다.

레몬맛 우유와 크림의 절반을 다른 소스팬에 붓는다. 쌀을 더해 약불에서 45분간 끓인 뒤 계속 저으며 리소토를 끓이듯 나머지 우유와 크림을 서서히 더한다.

푸딩이 끓으면 10분 뒤 설탕을 더한다. 눌어붙지 않도록 종종 젓는다.

쌀이 부드럽고 크림처럼 매끈하게 익으면 버터를 더해 섞는다.

푸딩을 공기에 담아 식힌 뒤 냉장고에 차게 둔다.

계핏가루를 솔솔 뿌려 낸다.

Meal 18 식사 18

Guacamole with tortilla chips
과카몰리와 토르티아 칩

—

Mexican-style chicken with rice
멕시코식 닭고기 조림과 밥

—

Watermelon with menthol sweets
부순 멘톨 사탕을 뿌린 수박

재료

살 재료
* 토마토(익은 것)
* 아보카도
* 생고수
* 레몬
* 닭다리
* 수박

찬장의 재료
* 소금
* 토르티아 칩
* 통깨
* 양파
* 올리브기름
* 쌀(파에야용)
* 붉은색 몰레 페이스트
* 옥수수(통조림)
* 흑후추
* 설탕
* 멘톨 사탕(목감기용)
* 아산화질소 사이펀과 카트리지

냉장고의 재료
* 버터

과카몰리와
토르티아 칩

멕시코식
닭고기 조림과
밥

부순 멘톨 사탕을 뿌린 수박

메뉴 계획

1시간 30분 전
닭다리를 보글보글 끓인다.

몰레 소스를 끓인다.

과카몰리의 토마토와 양파를 손질한다.
밥을 위한 양파를 퓌레로 갈고 고수 잎을 손질한다.

30분 전
수박을 자르고 시럽에 담가 냉장고에 차게 둔다.

멘톨 사탕을 부순다.

닭고기에 소스를 끼얹고 오븐에서 굽는다.

20분 전
멕시코식 밥을 짓는다.

밥과 닭고기가 익는 동안 과카몰리를 마무리한다.

먹기 직전
밥을 옥수수, 버터, 고수로 마무리한다.

디저트를 먹기 직전
수박을 건져 접시에 담는다.

식사 전 시간

4

3½

3

2½

2

1½

1

½

식사 시작

디저트

과카몰리와 토르티아 칩

과카몰리가 적은 양이라면 절구에
아보카도를 담아 공이로 빻는,
전통적인 조리법으로 만들 수 있다.

•

토마토가 아주 잘 익었다면 데치지 않고
껍질을 벗길 수도 있다.

	2인분	6인분	20인분	75인분
토마토(익은 것)	1큰술	2큰술	400g	1.2kg
생고수	1½큰술	4큰술	25g	100g
아보카도	1개	3개	2kg	7kg
중간 크기의 양파	1큰술	3큰술	120g	400g
레몬즙	1½큰술	4큰술	150ml	500ml
소금	1자밤	1자밤 (넉넉하게)	¼작은술	2작은술
토르티아 칩	100g	250g	700g	2.5kg

2인분에는 토마토와 양파 각 1개씩,
6인분에는 토마토 2개와 양파 1개가 필요하다.

Start →

소스팬에 물을 담아 끓인다.

토마토의 바닥에 십자 모양으로 칼금을 낸다. 대접에 얼음물을 채운다.

토마토를 끓는 물에 담아 10분간 데친다.

구멍 뚫린 국자로 건져 얼음물에 2분간 식힌다.

토마토가 식으면 껍질을 벗긴다. 잘 안 벗겨지면 칼끝으로 살살 긁어 당긴다.

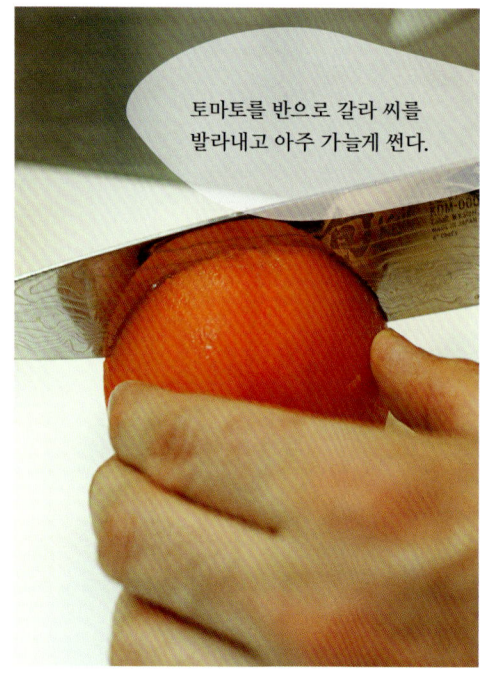

토마토를 반으로 갈라 씨를 발라내고 아주 가늘게 썬다.

토마토를 작게 깍둑 썬다.

Continue →

생고수는 잎만 따서 곱게 다진다.

아보카도를 반으로 갈라 씨를 발라내고 숟가락으로 과육을 파낸다.

아보카도를 거품기나 포크 또는 손 블렌더로 으깬다.

양파를 곱게 다진다.

다진 토마토와 양파, 고수를 아보카도에 더한다.

레몬즙을 부어 섞는다. 소금으로 간한다.

완성된 과카몰리를 토르티아 칩과 낸다.

241 - 식사 18

멕시코식 닭고기 조림과 밥

몰레mole는 고추와 향신료 등으로 만드는 소스로, 대개 고기와 함께 먹는다.

•

고추나 다른 재료에 따라 여러 종류의 몰레를 만들 수 있다. 몰레 페이스트는 전문 식품점이나 델리에서 살 수 있다.

•

20인분이나 75인분을 만들 경우 소스가 걸쭉해지도록 1L마다 잔탄검 0.6g(11쪽 참조)을 더해도 좋다.

	2인분	6인분	20인분	75인분
닭다리(허벅지와 북채가 붙은 것)	2쪽	6쪽	20쪽	75쪽
물	600ml	1.2L	6L	18L
소금	1자밤	2자밤	1작은술	40g
생고수	5대	8대	30g	100g
붉은색 몰레 페이스트	100g	300g	1kg	3.5kg
통깨	2작은술	2큰술	60g	200g

Start →

닭다리를 큰 팬에 담고 잠기도록 물을 부은 뒤 소금으로 간한다.

생고수 가지를 더한다.

물이 끓으면 45분가량 닭다리를 보글보글 삶는다. 물이 졸아들면 닭이 잠길 만큼 보충한다.

국물은 두고 닭만 건져 다리를 허벅지와 북채로 나눈다. 튼튼한 주방 가위로 자르거나 도마에 올려 놓고 고기 식칼로 썬다.

닭고기를 통구이팬에 옮긴다.

국물을 체에 걸러 몰레 페이스트와 멕시코식 밥에 쓴다.

Continue →

오븐을 160℃로 데운다.

몰레 페이스트를 숟가락으로 소스팬에 떠서 담는다. 약불에 녹을 때까지 뒤적인다.

닭 삶은 물 ⅓을 더한다.

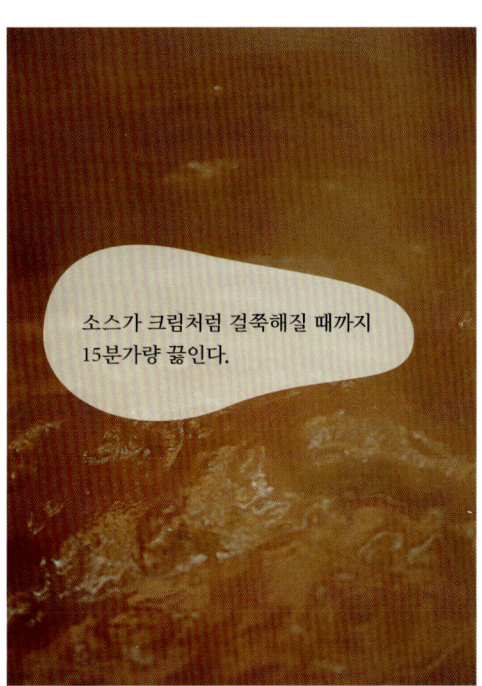

소스가 크림처럼 걸쭉해질 때까지 15분가량 끓인다.

닭고기에 소스를 끼얹어 소스가 걸쭉해지며 맛이 들고 고기의 질감이 부드러워질 때까지 굽는다. 아주 날카로운 칼로 닭다리를 찔러 맑은 물이 나오는지 확인한다.

그사이 프라이팬을 약한 불에 올려 자주 저으며 통깨를 볶는다. 다 볶자마자 팬에서 꺼낸다.

닭을 접시에 담는다. 소스를 끼얹고 볶은 통깨를 솔솔 뿌린다.

멕시코식 밥과 낸다.(244쪽 참조)

멕시코식 밥

멕시코식 닭고기 조림(242쪽 참조)과
찰떡궁합이며, 아보카도 몇 쪽을 올리면
전채로도 좋다.

•

블렌더가 없다면 양파와 고수를
다져서 써도 좋다.

	2인분	6인분	20인분	75인분
닭 육수 (멕시코식 닭고기 조림, 242쪽 참조)	500ml	1.5L	5L	16L
작은 양파	½개	1½개	400g	1.2kg
생고수	2대	1줌	120g	400g
올리브기름	2큰술	4큰술	150ml	500ml
쌀(파에야용)	150g	450g	1.5kg	5kg
옥수수(통조림), 건진다	50g	150g	225g	800g
버터	1큰술	50g	150g	500g

Start →

닭 육수를 소스팬에 담아 보글보글 끓인다. 그사이 손 블렌더로 양파와 생고수 절반을 매끈한 퓌레로 간다.

큰 소스팬을 중불에 올려 올리브기름을 두르고 쌀을 뒤적이며 1분간 볶는다.

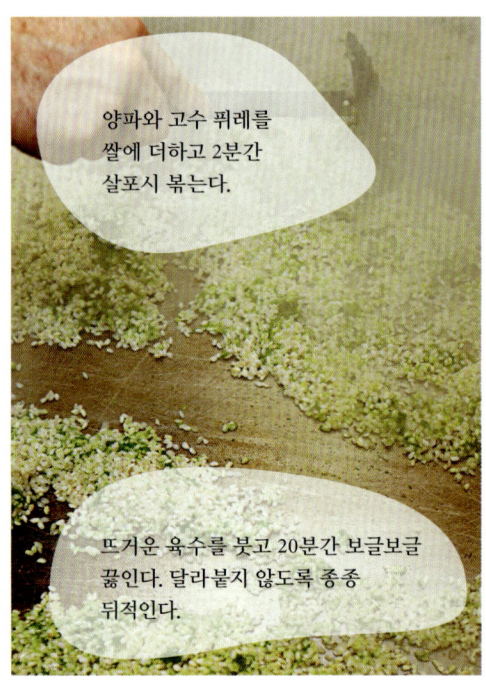

양파와 고수 퓌레를 쌀에 더하고 2분간 살포시 볶는다.

뜨거운 육수를 붓고 20분간 보글보글 끓인다. 달라붙지 않도록 종종 뒤적인다.

그사이 남은 고수를 곱게 채 썬다.

쌀이 거의 다 익으면(17분가량 소요) 물기 뺀 옥수수를 더한다.

다 익으면 불을 끈다. 버터를 더해 쌀이 크림처럼 부드러워질 때까지 잘 섞는다.

채 썬 고수 잎을 더하고 소금과 후추로 간해 식탁에 낸다.

부순 멘톨 사탕을 뿌린 수박

미각은 단맛, 짠맛, 신맛, 쓴맛과 그 외의 미묘한 촉감으로 이루어진다. 그 미묘한 촉감 가운데 청량감을 주는 멘톨이 이 요리와 아주 잘 어울린다.

•

진공 포장기가 없다면 수박과 레몬 시럽을 진공 포장지에 담는다. 그것만으로도 레몬 시럽이 수박에 더 잘 스며든다.

	2인분	6인분	20인분	75인분
레몬즙	1½큰술	3큰술	300ml	1L
설탕	2큰술	6큰술	300g	1kg
수박	1쪽	½통	1½통	5통
멘톨 사탕	4개	12개	200g	750g

Start →

레몬즙을 대접에 걸러 담고 설탕을 더해 휘저어 녹인다.

수박은 껍질을 벗기고 과육만 발라 4cm 폭으로 썬다.

수박과 레몬즙을 식품 보관용 봉지나 진공 포장지, 산에 반응하지 않는 재질의 대접에 담아 냉장고에서 30분간 재운다.

멘톨 사탕을 유산지 2장 사이에 담고 반죽 밀대나 무거운 조리 기구로 곱게 으깬다.

수박을 건져 접시에 담는다. 으깬 얼음 위에 올려 낼 수도 있다.

먹는 이가 뿌릴 수 있도록 수박과 멘톨 사탕을 따로 낸다.

Meal 19 식사 19

Spaghetti with tomato & basil
토마토 바질 스파게티

—

Fried fish with garlic
마늘 기름 소스로 맛을 낸 생선 튀김

—

Caramel foam
캐러멜 거품

토마토 바질 스파게티

마늘 기름 소스로 맛을 낸 생선 튀김

재료

살 재료
* 생바질
* 생선

찬장의 재료
* 소금
* 스파게티
* 엑스트라버진 올리브기름
* 올리브기름
* 마늘
* 셰리 식초
* 설탕
* 아산화질소 사이펀과 카트리지

냉장고의 재료
* 생크림(유지방 35%)
* 파르지미아노 치즈
* 우유
* 달걀

냉동고의 재료
* 토마토 소스(42쪽 참조)

캐러멜 거품

메뉴 계획

식사 전 시간

4
3½
3
2½

2시간 전 ———— 2
캐러멜 거품을 만들어 차게 둔다.

사이펀을 채워 냉장고나 얼음 바구니에 차게 둔다. 1½

1

30분 전 ———— ½
생선의 머리와 지느러미를 잘라 낸다.

토마토 소스를 데운다.

마늘을 튀겨 생선 튀김의 마늘 소스를 만든다.

10분 전
스파게티를 삶는다.

5분 전
생선을 지진다.

먹기 직전
파스타를 건져 기름에 버무린다.

생선을 접시에 담고 튀긴 마늘을 올린 뒤 드레싱을 떠서 끼얹는다. ————

식사 시작

디저트를 먹기 직전
캐러멜 거품을 작은 공기에 담는다.

디저트

토마토 바질 스파게티

토마토 소스는 미리 만들어 냉동실에 두고 쓰거나 좋은 기성품을 쓴다. 냉동 보관한 것은 요리하기 전 미리 해동해야 한다.

•

삶은 파스타를 기름에 버무리면 맛을 들일 뿐만 아니라 면이 달라붙는 걸 막는다. 특히 많은 양을 삶을 때 유용하다.

•

파스타를 삶을 때는 물 1L마다 소금 10g을 더한다.

	2인분	6인분	20인분	75인분
토마토 소스(42쪽 참조)	200g	600g	2kg	7kg
생바질	20장	60장	60g	200g
파르미지아노 치즈	30g	90g	600g	2kg
물	600ml	2L	15L	60L
소금	1작은술	1¼작은술	150g	600g
스파게티면	200g	600g	2kg	7kg
엑스트라버진 올리브기름	3큰술	120ml	400ml	1.5L

Start →

소스팬에 토마토 소스를 담고 중불에 올려 보글보글 끓인다.

생바질 잎을 따내고 가장 작고 싱싱한 것만 고명으로 남겨 둔다.

토마토 소스를 불에서 내리고 남은 바질을 더해 섞는다.

바질을 2분간 우려낸 뒤 집게로 건져 버린다.

파르미지아노 치즈를 곱게 간다.

큰 냄비에 물을 끓인다. 소금과 스파게티면을 넣는다. 달라붙지 않도록 한두 번 젓는다.

면이 부드러우면서도 심이 살짝 씹히도록 8~10분간 삶는다.(포장지의 조리법을 참조한다.)

면을 체에 내려 물기를 뺀다.

파스타를 큰 접시에 담고 엑스트라버진 올리브기름을 끼얹어 버무린다.

집게나 나무 포크로 스파게티를 접시에 나눠 담는다.

토마토 소스를 면 위에 떠서 끼얹는다.

남은 바질 잎을 올린다.

곱게 간 파르미지아노 치즈를 솔솔 뿌려 마무리한다.

마늘 기름 소스로 맛을 낸 생선 튀김

생선 비늘을 벗기거나 내장을 발라내는 손질은 생선 가게에 부탁해도 좋다.

•

엘불리에는 크고 평평한 번철을 쓰는데, 집에서는 큰 프라이팬이면 충분하다.

•

대부분의 작은 생선은 이 요리와 잘 어울린다. 생선이 두꺼울수록 조리 시간이 길어진다. 겉은 노릇하게, 속은 부드러우면서도 촉촉하게 익힌다.

	2인분	6인분	20인분	75인분
생선(175~250g짜리), 통째로 손질한다	2마리	6마리	20마리	75마리
마늘	3쪽	9쪽	100g	375g
올리브기름, 팬에 두를 것 별도	4큰술,	150ml	650ml	2.5L
셰리 식초	2작은술	2큰술	150ml	500ml

Start →

튼튼한 주방 가위로 생선의 지느러미와 머리를 잘라 낸다.

마늘은 껍질을 벗겨 만돌린(채칼)이나 날카로운 칼로 아주 얇게 저민다.

작은 팬에 올리브기름을 붓고 마늘을 더한다.

팬을 중불에 올려 마늘이 노릇해질 때까지 살포시 튀긴다. 마늘은 쉽게 탈 수 있으니 잘 살핀다.

눈이 고운 금속 체에 마늘을 내리고 기름은 그대로 둔다.

Continue →

튀긴 마늘을 종이 행주에 올려 기름기를 걷어 낸다.

기름을 좀 식힌 뒤 셰리 식초를 더하고 휘저어 섞어 드레싱을 만든다.

생선을 소금으로 간한다. 큰 프라이팬이나 번철을 달궈 기름을 살짝 두르고 생선을 올린다.

생선을 1분, 또는 팬에 닿은 면이 노릇해지도록 지진 뒤 뒤집개로 뒤집는다.

뒤집은 면도 1분간 지진 뒤 접시에 담는다.

튀긴 마늘을 생선 위에 뿌리고 기름과 식초 드레싱을 마지막으로 휘젓는다.

드레싱을 몇 큰술 떠서 생선 위에 끼얹는다.

캐러멜 거품

사이펀은 레스토랑 주방에서 쓰는 조리 도구지만, 집에도 갖춰 놓을 만하다. 사이펀이 없다면 대신 캐러멜 아이스크림을 만들어 보자. 커스터드를 레시피를 따라 만든 뒤 아이스크림 제조기에 얼리면 된다.

•

거품 위에는 토피 소스나 부순 토피 등 좋아하는 고명을 올려 먹으면 더욱 맛있다.

•

6~8인분 이상 만든다면 캐러멜이 너무 많이 튀지 않도록 우유와 크림을 함께 데워 캐러멜에 끼얹는다.

	2인분	6~8인분	20인분	75인분
설탕	–	60g	160g	600g
생크림(유지방 35%)	–	320ml	640ml	2.4L
지방을 걷어 내지 않은 우유	–	6큰술	180ml	600ml
달걀노른자	–	4개	225g	720g
사이펀의 아산화질소 카트리지	–	2개	4개	14개

거품의 완성도를 유지할 수 있는 최소량이 4~6인분이다. 만약 사이펀이 없다면 생크림과 요구르트를 휘어저 올려 만들 수 있다. 다만 질감이 그만큼 가볍지는 않다.

4~6인분에 0.5L짜리 1개, 20인분에 2L짜리 2개, 75인분에 1L짜리 6개의 사이펀이 각각 필요하다.

Start →

넓은 팬에 설탕을 담아 약불에 올린다. 설탕이 녹아 짙은 캐러멜이 되기 시작하면 색이 고르게 짙어지도록 잘 젓는다.

생크림과 우유를 캐러멜에 붓고 잘 젓는다.

캐러멜을 거품기로 매끈하고 고른 질감이 되도록 5분간 휘저으며 보글보글 끓인다.

달걀노른자를 큰 대접에 담고 거품기로 가볍게 휘저어 잘 푼다.

Continue →

계속 저으며 캐러멜을 노른자에 서서히 붓는다. 잘 섞어 깨끗한 소스팬에 담는다.

살짝 걸쭉해질 때까지 계속 휘저으며 약한 불에 아주 살포시 끓인다.

보글보글 끓지 않게 주의한다.

캐러멜 커스터드를 눈이 고운 체에 내린다.

사이펀에 카트리지를 끼우고 캐러멜 커스터드를 채운다.

사이펀을 냉장고나 얼음 바구니에 2시간가량 차게 둔다.

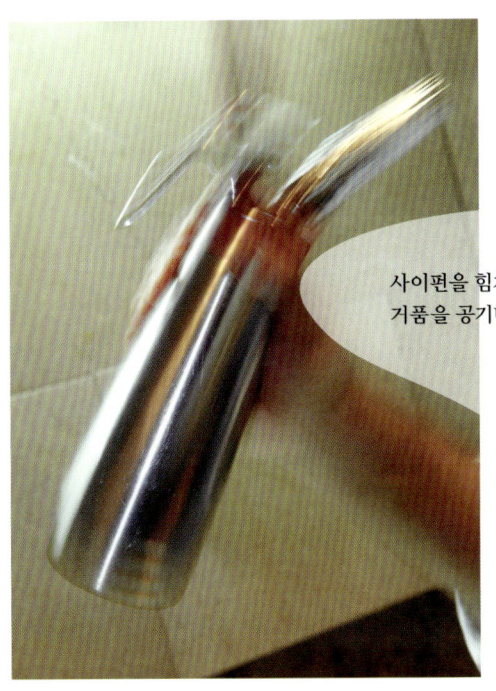

사이펀을 힘차게 흔들어 거품을 공기나 잔에 담는다.

토피 소스나 부순 토피 등 좋아하는 고명을 얹는다.

Meal 20 식사 20

Cauliflower with béchamel
베샤멜 소스로 맛을 낸 콜리플라워

—

Pork ribs with barbecue sauce
바비큐 소스로 맛을 낸 돼지갈비 조림

—

Banana with lime
라임 시럽에 재운 바나나

베샤멜 소스로
맛을 낸
콜리플라워

재료

살 재료
* 콜리플라워
* 돼지갈비
* 오렌지
* 바나나
* 라임

찬장의 재료
* 밀가루
* 양파
* 정향
* 월계수 잎(말린 것)
* 백후추
* 너트메그 가루
* 엑스트라버진 올리브기름
* 소금
* 바비큐 소스
* 설탕

냉장고의 재료
* 파르지미아노 치즈
* 지방을 걷어 내지 않은 우유
* 버터

바비큐 소스로
맛을 낸
돼지갈비 조림

라임 시럽에 재운
바나나

메뉴 계획	식사 전 시간
	4
	3½
	3
	2½
2시간 전 바나나의 시럽을 끓여 식힌다.	2
1시간 30분 전 갈비를 오븐에 통구이한다.	1½
1시간 전 바나나를 썰어 시럽에 담아 재운다. 베샤멜 소스를 끓인다.	1
30분 전 콜리플라워를 잘라 내 부드럽게 삶아 건진다.	½
5분 전 베샤멜을 콜리플라워에 끼얹어 브로일러에 굽는다. 갈비를 썰고 오렌지 겉껍질을 갈아 솔솔 뿌린다.	식사 시작
디저트를 먹기 직전 바나나와 시럽을 약간 떠서 공기에 담는다.	디저트

베샤멜 소스로 맛을 낸 콜리플라워

2인분을 요리한다면 베샤멜 소스에서 양파와 정향을 빼고 5~10분가량 덜 끓인다.

	2인분	6인분	20인분	75인분
지방을 걷어 내지 않은 우유	300ml	900ml	3L	10L
버터, 깍둑 썬다	2작은술	2큰술	100g	375g
밀가루	2작은술	2큰술	100g	375g
작은 양파	-	작은 것 1개	1개	1개
정향	-	1개	2개	6개
월계수 잎(말린 것)	¼장	½장	3장	6장
너트메그 가루	1자밤	2자밤	0.3g	1g
콜리플라워	½개	1½개	4개	15개
백후추, 곱게 간다	1자밤	2자밤	0.3g	1g
엑스트라버진 올리브기름	10ml	25ml	80ml	300ml
파르미지아노 치즈, 곱게 간다	40g	120g	400g	1.5kg

Start →

소스팬에 우유를 부어 끓인다. 동시에 다른 소스팬을 중불에 올려 버터를 녹인다.

버터가 녹으면 밀가루를 거품기로 섞어 루를 만든다. 얼핏 마른 듯 보이지만 매끈해질 때까지 휘젓는다.

우유가 끓으면 루에 서서히 흘려 더한다. 멍울이 지지 않도록 거품기로 계속 휘젓는다.

양파에 정향을 박고 월계수 잎, 너트메그 가루와 함께 베샤멜에 더한다.

눌어붙지 않도록 자주 저으며 아주 약한 불에서 20분간 익힌다.

체에 내려 대접에 담고 소금으로 간한다.

Continue →

콜리플라워는 줄기와 이파리를 잘라 낸다.

3cm보다 작은 송이로 자른다.

큰 팬에 물을 끓여 콜리플라워가 부드러워질 때까지 8분간 삶는다.

연약한 송이가 부스러지지 않도록 조심스레 콜리플라워를 건진다.

소금, 백후추, 엑스트라버진 올리브기름으로 맛을 낸다.

큰 제과제빵용 내열 접시에 베샤멜을 한 켜 깔고 콜리플라워를 올린 뒤 나머지 소스를 떠서 끼얹는다.

브로일러를 센불로 예열한다. 곱게 간 파르미지아노 치즈를 콜리플라워 위에 솔솔 뿌린다.

치즈가 노릇해지고 접시 가장자리의 소스가 부글거릴 때까지 브로일러에서 몇 분간 굽는다.

바비큐 소스로 맛을 낸 돼지갈비 조림

바비큐 소스를 직접 만들어 쓰고 싶다면 48쪽을 참조하라.

	2인분	6인분	20인분	75인분
돼지갈비(1짝에 약 1.5kg짜리), 통째로	1/3짝(6대)	1짝	4짝	15짝
소금	1자밤	2자밤	4g	14g
바비큐 소스(기성품 또는 만든 것)	100g	300g	1kg	3.5kg
물	100ml	300ml	1L	3.5L
오렌지	1/2개	1개	2개	4개

Start →

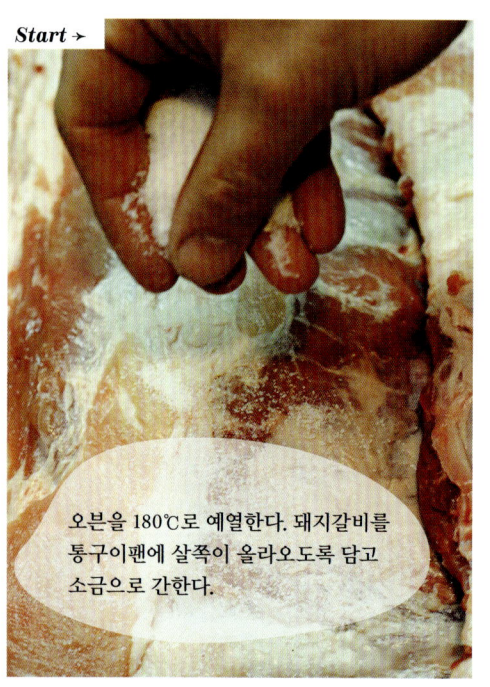

오븐을 180℃로 예열한다. 돼지갈비를 통구이팬에 살쪽이 올라오도록 담고 소금으로 간한다.

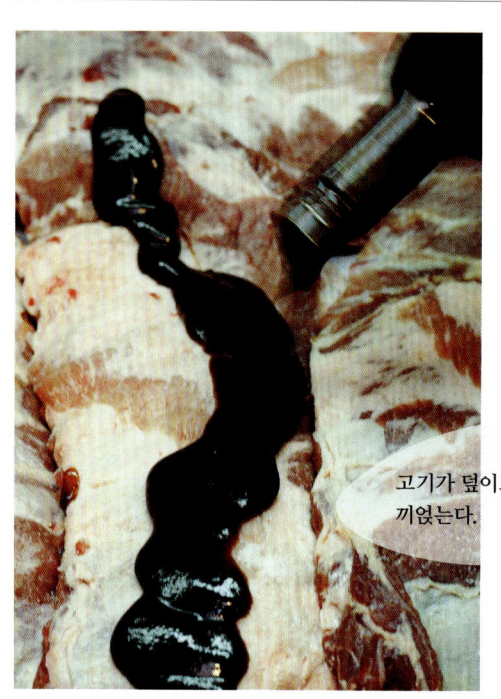

고기가 덮이도록 바비큐 소스를 끼얹는다.

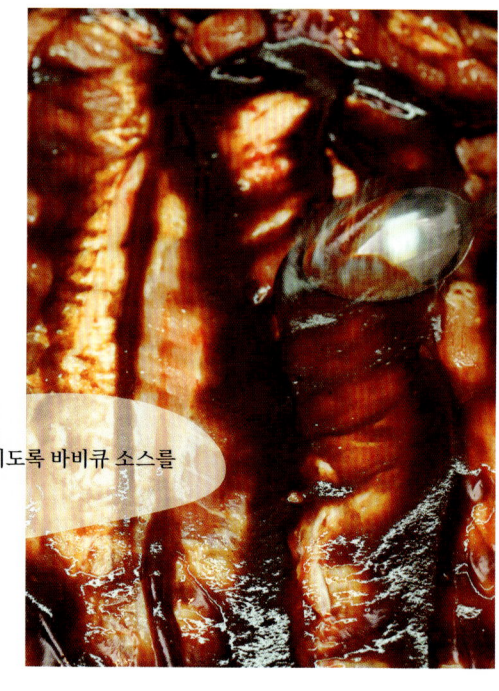

물을 부어 소스를 약간 푼다.

팬을 은박지로 덮는다.

오븐에 1시간 30분간 굽는다.

Continue →

고기가 촉촉함을 잃지 않도록 20분마다 소스를 떠서 끼얹는다.

고기에 진한 갈색이 돌고 살이 뼈에서 떨어지면 다 익은 것이다.

다 익은 갈비를 썰어 접시에 담는다.

오렌지 겉껍질을 강판에 곱게 갈아 얹어 낸다.

라임 시럽에 재운 바나나

간단하게 만들기 좋은 디저트로, 제철 과일이 많지 않을 때 내놓기 좋다.

•

특별한 경우 럼을 시럽에 더할 수도 있는데 2, 6, 20, 75인분에 맞춰 각각 물 1작은술, 30ml, 100ml, 375ml로 준비한다.

•

시럽이 식는 동안 통계피나 바닐라를 담가 우려내도 좋다.

	2인분	6인분	20인분	75인분
설탕	2큰술	80g	500g	1.5kg
물	3큰술	150ml	750ml	2L
라임	½개	2개	8개	16개
바나나	2개	6개	20개	75개

Start →

중간 크기의 팬에 설탕과 물을 담는다.

설탕이 녹을 때까지 살포시 끓인 뒤 얕은 접시에 부어 식힌다.

라임 겉껍질을 강판에 곱게 갈아 시럽에 더한다.

Continue →

라임즙을 시럽에 짜내 잘 섞는다.

바나나는 껍질을 벗겨 얇게 썬다.

썬 바나나를 시럽에 담가 1시간가량 냉장고에 재워 두었다가 낸다.

작은 공기에 시럽 몇 술을 끼얹어 낸다.

Meal 21 식사 21

Gazpacho
가스파초

–

Black rice with cuttlefish
한치먹물밥

–

Bread with chocolate & olive oil
초콜릿 올리브기름 빵

재료

살 재료
* 작은 오이
* 빨간색 파프리카
* 토마토(익은 것)
* 흰 시골빵
* 생물 한치(먹물도 쓸 수 있으면 좋다)

찬장의 재료
* 마늘
* 양파
* 엑스트라버진 올리브기름
* 올리브기름
* 셰리 식초
* 소금
* 흑후추
* 크루통
* 쌀(파에야용)
* 다크 초콜릿(코코아 60%)
* 바닷소금

냉장고의 재료
* 마요네즈

냉동고의 재료
* 생선 육수(56쪽 참조)
* 소프리토(43쪽 참조)
* 오징어 먹물(272쪽 참조, 선택)
* 피카다(41쪽 참조)

—
가스파초
—

—
한치먹물밥
—

초콜릿 올리브기름 빵

메뉴 계획

2시간 전
가스파초를 만들어 냉장고에 차게 둔다.

25분 전
한치를 썰고 육수를 데운다.

20분 전
한치죽을 끓이기 시작한다.

죽이 끓는 동안 초콜릿을 간다.

식사 직전
가스파초에 기름을 졸졸 뿌리고 크루통을 얹는다.

디저트를 먹기 직전
빵을 굽고 초콜릿, 기름, 소금으로 마무리한다.

식사 전 시간

4

3½

3

2½

2

1½

1

½

식사 시작

디저트

가스파초

가스파초는 미리 만들어 얼려 두였다가 전날 밤 냉장실로 옮겨 해동한다.

•

마요네즈는 어울리지 않을 것 같지만, 수프에 크림 같은 부드러운 질감을 주는 재료이다.

2인분에는 토마토 4개, 작은 오이 1개, 빨간색 작은 파프리카 1개가 필요하다.
6인분에는 토마토 12개, 오이 1개, 빨간색 파프리카 1개가 필요하다.

	2인분	6인분	20인분	75인분
마늘	1쪽	3쪽	50g	150g
양파	1개	2개	120g	400g
오이	20g	60g	200g	800g
빨간색 파프리카	25g	75g	300g	1kg
토마토(익은 것)	320g	1kg	3.2kg	12kg
시골빵(500g짜리), 50g으로 썰고 껍질은 벗겨 낸다	10g	30g	80g	300g
물	4큰술	120ml	400ml	1.5L
올리브기름, 낼 것 별도	3큰술	6큰술	600ml	2L
셰리 식초	2작은술	2큰술	5큰술	300ml
마요네즈	2작은술	1큰술	150g	500g
크루통(52쪽 참조)	40g	120g	400g	1.5kg

Start →

마늘을 껍질 벗겨 반으로 가르고 싹은 없앤다.

작은 소스팬에 찬물을 담고 마늘을 담근다.

물을 끓인다.

물이 끓이 시작하면 마늘을 건져 얼음물에 식힌다. 이 과정을 두 번 더 되풀이하는데, 반드시 찬물에 담가 끓인다.

양파는 껍질을 벗겨 반으로 가른 뒤 큼직하게 썬다.

오이는 껍질을 벗겨 반으로 가른 뒤 큼직하게 썬다.

Continue →

파프리카를 반으로 갈라 씨와 흰 막을 발라낸다.

썬 다음 오이, 양파와 함께 둔다.

토마토를 반달썰기해 양파, 오이, 파프리카와 둔다.

빵을 찢어 더하고 물을 붓는다.

손 블렌더나 푸드 프로세서로 간다.

완성된 가스파초를 눈이 고운 체에 내린다.

올리브기름, 셰리 식초, 마요네즈를 더해 매끄럽고 크림처럼 부드러워질 때까지 스패출라나 거품기로 잘 섞는다.

소금과 후추로 간하고 냉장고에 차게 두었다가 낸다.(2시간 이상)

대접에 담아 크루통을 올리고 올리브기름을 졸졸 뿌려 낸다.

한치먹물밥

생선 가게에 한치의 손질을 맡기고, 먹물주머니와 샘은 따로 두었다가 죽의 마무리에 쓴다. 한치가 먹물주머니 없이 손질되어 팔린다면 오징어 먹물을 써도 좋다. 소분되어 봉지에 담긴 게 좋다.

•

아이올리(53쪽 참조) 한 숟갈로 맛을 더 돋울 수 있다.

	2인분	6인분	20인분	75인분
생물 한치, 손질한다	200g	600g	2kg	7kg
생선 육수(56쪽 참조)	600ml	1.8L	6L	22L
올리브기름	1½큰술	5큰술	200ml	750ml
소프리토(43쪽 참조)	1½큰술	80g	300g	1kg
쌀(파에야용)	200g	600g	2kg	7kg
오징어 먹물(선택)	10g	20g	60g	200g
피카다(41쪽 참조)	2작은술	2큰술	120g	400g

Start →

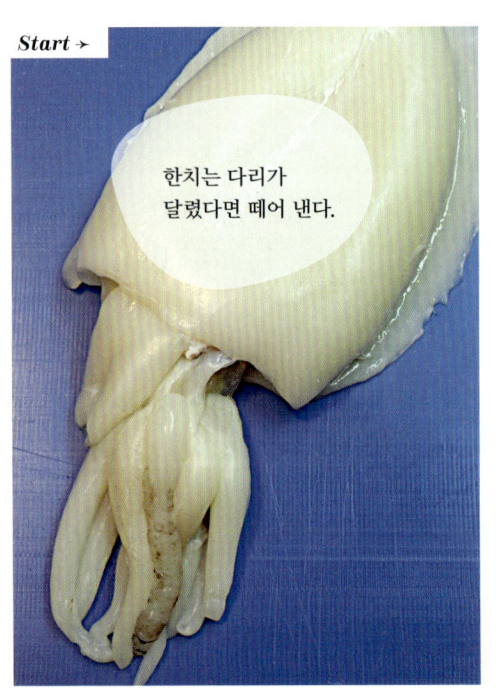

한치는 다리가 달렸다면 떼어 낸다.

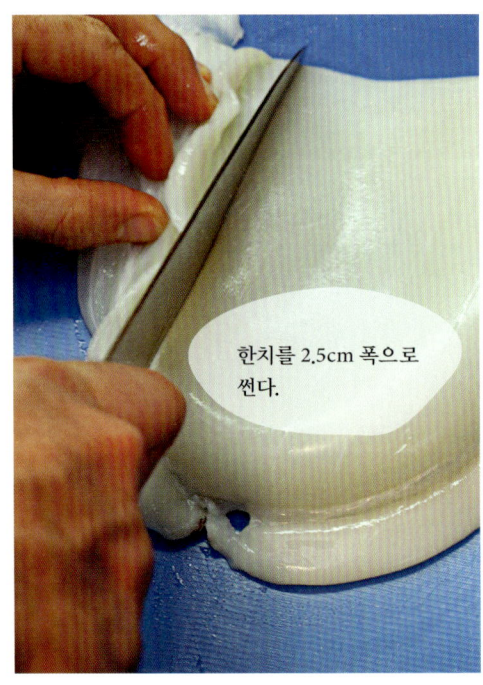

한치를 2.5cm 폭으로 썬다.

그리고 길이 2.5cm로 깍둑 썬다.

소스팬에 생선 육수를 붓고 뚜껑을 덮어 보글보글 끓인다.

큰 팬을 센불에 올리고 올리브기름을 두른 뒤 한치를 더한다.

노릇해질 때까지 2분간 볶는다.

소프리토를 더하고 중불에서 10분간 볶는다. 소프리토가 팬의 바닥에 눌어붙기 시작하면 물(1작은술)을 넣는다.

Continue →

쌀을 더하고 오징어와 잘 섞는다. 자주 뒤적이며 10분간 볶는다.

센불로 올리고 계속 뒤적이며 육수를 한 국자 붓는다. 쌀에 흡수되면 한 국자 더해 5분간 뒤적인다.

남은 육수에 오징어 먹물을 약간 더해 푼다.

육수를 쌀에 붓고 나머지 육수도 계속 부어 가며 끓인다.

자주 뒤적이며 12분간 더 끓인다.

피카다를 더한 다음 쌀이 육수 대부분을 흡수할 만큼 졸이는데, 겉은 부드럽지만 심이 살짝 씹히도록 2분간 익힌다.

소금으로 간해 낸다.

초콜릿 올리브기름 빵

카탈루냐에서는 초콜릿과 빵의 조합이 디저트로 인기를 누린다. 엘불리에서는 엑스트라버진 올리브기름과 바닷소금을 더한다.

	2인분	6인분	20인분	75인분
시골빵(500g짜리), 50g으로 썬다	2 쪽	6 쪽	2덩이	8덩이
다크 초콜릿(코코아 60%)	60g	175g	600g	2kg
엑스트라버진 올리브기름	1½큰술	4큰술	200ml	750ml
바닷소금	1자밤	½작은술	2작은술	40g

Start →

오븐이나 브로일러를 160℃로 예열한다.

강판에 접시를 받치고 다크 초콜릿을 간다.

빵을 제과제빵팬이나 내열 접시에 담는다.

Meal 22 식사 22

Peas & ham
완두콩과 햄

—

Roast chicken with potato straws
통닭구이와 감자채 튀김

—

Pineapple with molasses & lime
당밀과 라임즙의 파인애플

완두콩과 햄	통닭구이와 감자채 튀김

재료

살 재료
* 염장 햄
* 햄 비계
* 생박하
* 통닭
* 레몬
* 파인애플
* 라임

찬장의 재료
* 올리브기름
* 통계피
* 양파
* 말린 월계수 잎, 로즈마리, 타임
* 통흑후추
* 마늘
* 화이트 와인
* 소금
* 감자채 튀김
* 당밀(또는 꿀)

냉동고의 재료
* 냉동 완두콩
* 햄 육수(59쪽 참조)

당밀과 라임즙의 파인애플

메뉴 계획

1시간 30분 전 — 1½
닭을 뒤집는다.

1시간 전 — 1
통닭구이의 치킨을 다시 한번 뒤집어 굽는다.

30분 전 — ½
완두콩과 햄의 요리를 시작한다.

파인애플을 자르고 담을 접시를 준비한다.

10분 전
그레이비를 끓인다.

닭을 썬다.

식사 직전
완두콩과 햄을 마무리해 낸다.

닭을 접시에 담고 그레이비를 끼얹는다.

— 식사 시작

디저트를 먹기 직전
파인애플을 라임 겉껍질과 즙, 당밀로 마무리한다.

— 디저트

식사 전 시간: 4, 3½, 3, 2½, 2

완두콩과 햄

세라노, 이베리코, 바욘, 파르마 등
염장 건조 햄이라면 다 잘 어울린다.
햄 비계가 없다면 판체타를 대신 쓸 수 있다.

•

햄 육수 대신 채소, 닭, 고기 육수를
쓸 수 있다.(59쪽 참조)

•

생완두콩이 제철일 때는 좀 더 비싸더라도
써 보자. 이때 조리 시간은 4분 정도 줄인다.

	2인분	6인분	20인분	75인분
올리브기름	2작은술	2큰술	3큰술	150ml
작은 양파, 곱게 썬다	1개	3개	300g	1kg
염장 햄	2쪽	6쪽	300g	1kg
햄 비계	10g	25g	120g	425g
완두콩(냉동)	300g	900g	3kg	10kg
통계피	1쪽	2쪽	0.7g	2.5g
생박하	1줄기	3줄기	25g	85g
햄 육수(59쪽 참조)	5큰술	120ml	400ml	1.5L

Start →

큰 프라이팬에 올리브기름을 둘러 달구고 썬 양파를 더해 부드러워질 때까지 10분간 살포시 볶는다.

햄을 3cm 폭으로 얇게 썬다.

햄 비계를 아주 잘게 썬다.

양파에 햄과 햄 비계를 더한다.

통닭구이와 감자채 튀김

이 요리의 카탈루냐 이름은 포요 아 라스트 pollo a l'ast (닭꼬치 통구이)다. 전통 닭구이로서 레몬과 허브로 맛을 내 꼬챙이에 꿰어 굽는다.

•

닭 한 마리가 4인분이다.(한국의 닭은 작으므로 2인분으로 보는 게 적당하다. —옮긴이) 2인분만 먹는다면 나머지는 다음 날 샐러드를 만든다.

•

6~8인분보다 적은 양의 건조 허브 양념을 만들기 어려우므로 한 번에 많이 만들어 냉장고에 보관하는 것도 좋은 방법이다.

	4인분	6~8인분	20인분	75인분
통닭(2kg짜리)	1마리	2마리	5마리	19마리
소금	5g	10g	25g	100g
올리브기름	1큰술	2큰술	180ml	650ml
레몬	1개	2개	5개	19개
월계수 잎(말린 것)	-	3g	10g	25g
로즈마리(말린 것)	-	40g	100g	325g
타임(말린 것)	-	15g	40g	150g
통흑후추	-	½작은술	6g	20g
마늘	2쪽	4쪽	40g	150g
화이트 와인	2큰술	4큰술	60ml	200ml
물	3큰술	6큰술	120ml	450ml
감자채 튀김	1봉지(약100g)	200g	500g	1.5kg

Start →

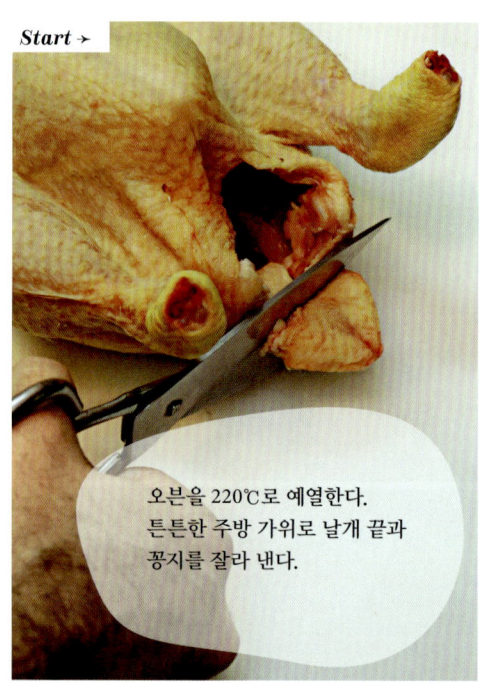

오븐을 220℃로 예열한다. 튼튼한 주방 가위로 날개 끝과 꽁지를 잘라 낸다.

닭을 통구이팬에 담고 겉과 속을 소금으로 고루 간한 뒤 올리브기름을 문질러 바른다. 가슴과 다리에 레몬 겉껍질을 곱게 갈아 뿌린다.

껍질을 갈아 내고 남은 레몬은 썰어 닭의 배 속에 넣는다.

월계수 잎, 로즈마리, 타임, 통흑후추를 작은 푸드 프로세서나 블렌더에 곱게 간다.

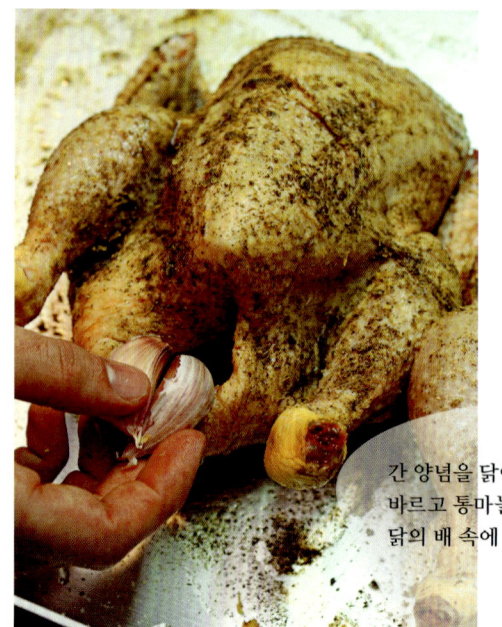

간 양념을 닭에 고루 문질러 바르고 통마늘을 껍질째 닭의 배 속에 밀어 넣는다.

Continue →

가슴이 아래로 가게 닭을 팬에 담고 25분간 굽는다.

닭을 뒤집어 노릇해지고 속까지 다 익도록 35분간 더 굽는다.

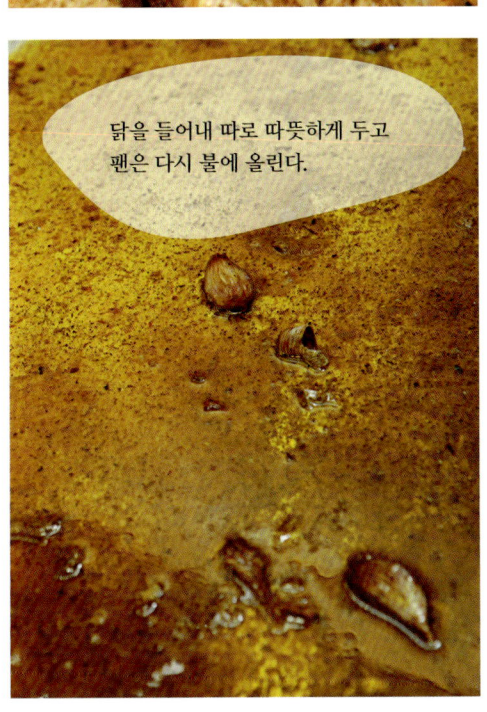

닭을 들어내 따로 따뜻하게 두고 팬은 다시 불에 올린다.

화이트 와인과 물을 붓고 나무 주걱으로 바닥에 눌어붙은 것을 긁어낸다. 국물이 졸아들 정도로 부글부글 끓여 맛있는 그레이비를 만든다.

닭을 토막 내 접시에 담는다.

아니면 통닭으로 내도 좋다.

그레이비를 닭에 끼얹어 감자채 튀김과 낸다.

당밀과 라임즙의 파인애플

당밀 대신 꿀이나 짙은 물엿을 써도 좋다.

•

파인애플의 꼭지와 밑동을 썰어 버리고 4등분해 심을 발라낸 뒤 껍질째 내면 좀 더 간편하다.

•

파인애플은 꼭지의 잎이 쉽게 떨어지는 것이 잘 익은 것이다.

	2인분	6인분	20인분	75인분
파인애플	½개	1개	3개	6개
라임	½개	1½개	3개	8개
당밀(또는 꿀)	1½큰술	4큰술	225g	800g

Start →

파인애플의 꼭지와 밑동을 잘라 낸다.

껍질과 함께 0.5cm 정도의 크기만큼 과육을 발라낸다.

파인애플을 길게 반으로 가른다.

다시 반으로 갈라 4등분한다.

질긴 심 부분은 잘라 낸다.

파인애플을 1cm 폭으로 썬다.

접시에 가지런히 담는다.

라임 겉껍질을 갈아 내 파인애플 위에 솔솔 뿌린다.

라임즙을 짜서 끼얹는다.

당밀을 졸졸 뿌려 마무리해 낸다.

Meal 23 식사 23

Tagliatelle carbonara
탈리아텔레 카르보나라

—

Cod & green pepper sandwich
대구 튀김과 청고추 샌드위치

—

Almond soup with ice cream
아몬드 수프와 아이스크림

탈리아텔레 카르보나라

재료

살 재료
* 녹색 긴 고추(순한 맛)
* 생물 대구
* 흰 시골빵
* 훈제 베이컨

찬장의 재료
* 식용유
* 밀가루
* 소금
* 올리브기름
* 달걀 탈리아텔레
* 통아몬드(껍질 벗긴 것)
* 통아몬드(설탕 입힌 것)
* 설탕

냉장고의 재료
* 달걀
* 마요네즈
* 파르미지아노 치즈
* 생크림(유지방 35%)

냉동고의 재료
* 아이스크림

—	—
대구 튀김과 청고추 샌드위치	아몬드 수프와 아이스크림

메뉴 계획

하루 전
아몬드를 다져 물에 불린다.

40분 전
아몬드 수프를 만들어 냉장고에 차게 둔다.

35분 전
카르보나라의 베이컨 크림을 만든다.

대구를 썰고 밀가루와 달걀, 기름을 준비한다.

20분 전
고추를 튀긴다.

식사 직전
대구를 튀기고 빵을 구워 샌드위치를 만든다.

샌드위치를 먹는 동안 파스타를 삶는다.

파르미지아노 치즈를 뿌려 파스타를 마무리해 낸다.

디저트를 먹기 직전
아이스크림을 떠낸다.
럭비공 모양을 잡아도 좋다.

식사 전 시간

4

3½

3

2½

2

1½

1

½

식사 시작

디저트

탈리아텔레 카르보나라

조금만 만든다면
달걀노른자를 더 많이 써서
풍성하게 만들어도 좋다.

	2인분	6인분	20인분	75인분
훈제 베이컨	120g	360g	1.2kg	4kg
올리브기름	1½큰술	6큰술	300ml	1L
생크림(유지방 35%)	200ml	600ml	2.2L	9L
물	600ml	1.8L	6L	22L
소금	1작은술	1큰술	30g	110g
달걀 탈리아텔레	200g	600g	2kg	7.5kg
파르미지아노 치즈	40g	150g	500g	2kg
달걀노른자	2개분	6개분	150g	500g

Start →

훈제 베이컨은 껍질을 잘라 내고 5mm 폭으로 썬다.

큰 소스팬을 약불에 달궈 올리브기름을 두르고 베이컨을 더한다.

베이컨이 노릇해질 때까지 10분간 지진다.

생크림의 1/8을 남겨 두고 나머지를 베이컨에 더한다.

20분간 보글보글 끓인다.

Continue →

크림을 불에서 내리기 전에 소금과 후추로 간한다.

소금물을 끓여 달걀 탈리아텔레를 넣는다.

파스타가 부드러우면서도 심이 살짝 씹히도록 7분가량 삶는다. (포장지의 조리법을 확인한다.)

파르미지아노 치즈를 곱게 간다.

남은 크림을 달걀노른자에 더해 거품기로 휘저어 섞는다.

파스타를 건져 다시 팬에 담는다.

베이컨 크림을 파스타에 붓는다.

계속 저으며 크림 섞은 노른자를 붓는다. 뜨거운 파스타에 달걀이 익어 살짝 걸쭉해질 것이다.

곱게 간 파르미지아노 치즈를 솔솔 뿌려 낸다.

대구 튀김과 청고추 샌드위치

전통적인 스페인 요리인 몬타디토montadito는 시골 빵에 여러 재료를 올려 먹는 것이 특징이다.

•

생선 가게에 대구의 손질과 포 뜨는 것을 부탁하는 것도 좋은 방법이다. 남방 대구나 아구 등을 대신 쓸 수도 있다.

•

많은 양의 재료를 튀길 때는 큰 소스팬을 쓰고, 기름 양은 소스팬 높이의 절반 이상을 넘지 않는다.

	2인분	6인분	20인분	75인분
식용유	150ml	500ml	1.5L	5L
녹색 긴 고추(순한 맛)	2개	6개	20개	75개
생물 대구, 손질한다	300g	1.5kg	5kg	16kg
소금	1자밤	½작은술	8g	30g
밀가루	1½큰술	90g	300g	1kg
달걀	1개	2개	4개	10개
시골빵(500g짜리), 50g으로 썬다	2쪽	6쪽	2덩이	6덩이
마요네즈	2큰술	90g	300g	1kg

Start →

프라이팬에 식용유를 조금 두르고 고추를 올린다.

고추가 부드럽고 고루 노릇해질 때까지 지진다.

입맛에 따라 소금 약간으로 간하고 종이 행주에 올려 기름기를 걷어 낸다.

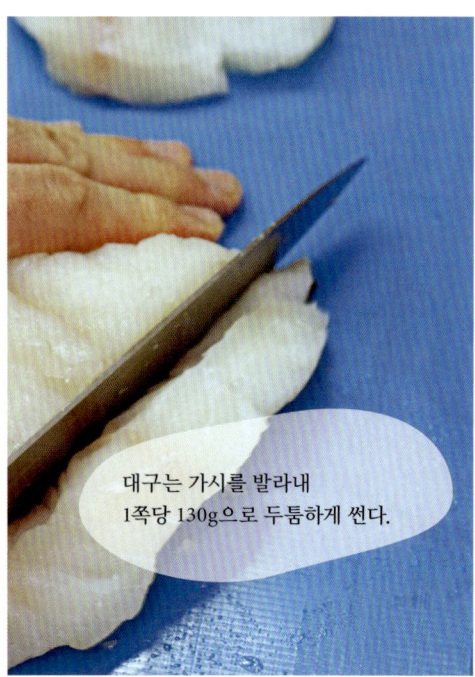

대구는 가시를 발라내 1쪽당 130g으로 두툼하게 썬다.

썬 대구살을 소금으로 간한다.

대구살에 밀가루를 입히고 튀김용 기름을 팬에 달군다.

Continue →

남는 밀가루는 털어 낸다.

달걀을 풀어 밀가루 입힌 대구를 담근다. 달걀물은 적당히 털어 낸다.

모든 대구살에 달걀물을 입힌다.

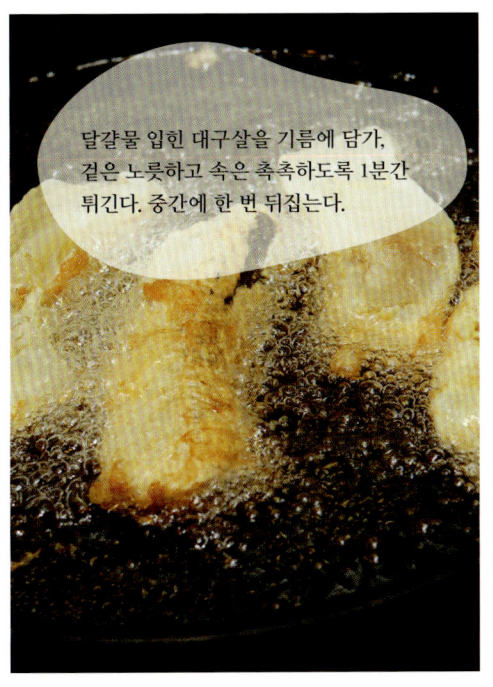

달걀물 입힌 대구살을 기름에 담가, 겉은 노릇하고 속은 촉촉하도록 1분간 튀긴다. 중간에 한 번 뒤집는다.

구멍 뚫린 국자로 대구를 건져 종이 행주에 올려 기름기를 걷어 낸다. 브로일러나 오븐을 센불로 예열한다.

빵을 제과제빵팬에 담는다.

브로일러나 오븐에 양면이 노릇해질 때까지 굽는다.

토스트에 고추 지짐과 대구 튀김을 얹어 샌드위치를 만든다.

마요네즈와 함께 낸다.

아몬드 수프와 아이스크림

완성도가 떨어지므로 6인분 이하는
만들지 않는 게 좋다.
남은 수프는 냉장고에 두고 먹기 좋다.

•

누가 아이스크림 대신 캐러멜이나 토피,
견과류 맛이 나는 아이스크림을 쓸 수 있다.
아몬드 말고도 설탕 입힌 견과류는
모두 쓸 수 있다.

•

마르코나 marcona는 단맛이 나는
스페인 품종이다. 품질만 좋다면
다른 품종을 대신 써도 된다.

	2인분	6인분	20인분	75인분
마르코나 통아몬드(껍질 벗긴 것)	–	240g	600g	3kg
물	–	600ml	1.5L	8L
설탕	–	80g	175g	700g
통아몬드(설탕 입힌 것)	–	18g	150g	500g
누가 아이스크림	–	180g	600g	2kg

Start →

푸드 프로세서에 마르코나 통아몬드를 넣고 굵게 간다.

큰 대접에 담고 물을 붓는다.

냉장고에서 12시간 또는 밤새 불린다.

손 블렌더나 푸드 프로세서로 아몬드와 물을 매끈하고 크림처럼 부드럽게 간다.

Continue →

눈이 고운 금속 체에 간 아몬드를 조심스레 내린다.

체를 잘 빠져 나가도록 간 아몬드를 국자의 등으로 눌러 휘젓는다.

설탕을 더하고 거품기로 휘저어 잘 녹인다.

공기나 접시에 설탕 입힌 통아몬드를 삼각형 형태로 담는다. 가운데에 누가 아이스크림을 1스쿱 올린다.

아몬드 수프를 아이스크림에 끼얹는다.

Meal 24 식사 24

Chickpeas with spinach & egg
달걀 올린 시금치와 병아리콩 수프

—

Glazed teriyaki pork belly
데리야키 삼겹살

—

Sweet potato with honey & cream
꿀과 크림을 곁들인 고구마

달걀 올린 시금치와 병아리콩 수프

재료

살 재료
* 토마토(익은 것)
* 돼지 삼겹살
* 고구마

찬장의 재료
* 올리브기름
* 마늘
* 커민 가루
* 익힌 병아리콩(통조림 혹은 병조림 —옮긴이)
* 소금
* 통흑후추
* 옥수수 전분
* 중간 크기의 양파
* 데리야키 소스
* 설탕
* 꿀(묽은 것)

냉장고의 재료
* 달걀
* 생크림(유지방 35%)

냉동고의 재료
* 시금치
* 닭 육수

데리야키
삼겹살

꿀과 크림을 곁들인
고구마

메뉴 계획

식사 전
시간

4

3½

3

2½

2시간 전 — 2
삼겹살을 1시간 30분간 보글보글
끓인다.

토마토를 갈아 체에 내리고
병아리콩의 마늘을 다진다. — 1½

1

45분 전
고구마를 굽는다.

30분 전 — ½
삼겹살을 썰고 데리야키 소스를
끼얹어 30분간 굽는다. 중간에
한 번 배어 나온 국물을 끼얹는다.

시금치를 다듬고 삶아 건진 다음
병아리콩 요리를 완성한다.

식사 직전
달걀을 삶거나 수란을 만든다.

크림을 부드러운 뿔이
올라도록 거품기로 올려
냉장고에 둔다.

식사
시작

디저트를 먹기 직전
군고구마를 반 갈라 꿀을
끼얹는다.

디저트

달걀 올린 시금치와 병아리콩 수프

삶은 달걀이나 수란을 올려도 맛있는데, 엘불리에서는 달걀을 껍데기째 저온 조리로 익힌다. 달걀이 아주 부드럽고 비단처럼 매끈하게 익는다. 삶은 달걀과 수란의 조리는 19쪽을 참조한다.

•

냉동 시금치 대신 생시금치를 쓸 수도 있다. 2인분에 100g, 6인분에 270g, 20인분에 800g, 75인분에 3.25kg이다.

	2인분	6인분	20인분	75인분
시금치(냉동), 해동한다	65g	200g	600g	2.5kg
토마토(익은 것)	2개	5개	1.2kg	4kg
마늘	2쪽	6쪽	40g	120g
올리브기름	2큰술	6큰술	300ml	1kg
커민 가루	1자밤	2자밤	1g	5g
익힌 병아리콩(통조림 혹은 병조림), 건진다	320g	1kg	3.2kg	12kg
닭 육수(57쪽 참조)	200ml	600ml	2L	7L
달걀	2개	6개	20개	75개
옥수수 전분	1작은술	3작은술	1큰술	50g

2인분에 토마토 2개, 6인분에 토마토 5개가 필요하다.

Start →

중간 크기의 팬에 물을 끓인다. 시금치를 3cm 폭으로 썰어 1분간 삶는다.

시금치를 건져 둔다.

손 블렌더나 푸드 프로세서로 토마토를 간다.

고운 체를 팬에 받치고 토마토를 붓는다. 15분간 그대로 두어 물기를 뺀다.

Continue →

그사이 마늘을 곱게 다진다.

중간 크기의 팬에 올리브기름을 둘러 중불에 달구고 마늘과 토마토를 올린다.

커민 가루와 병아리콩을 더해 30분간 끓인다.

닭 육수를 부어 끓인다.

그사이 달걀을 익힌다.
(383쪽 레시피 노트 참조)

시금치를 더하고 소금과 후추로 간한다.

약간의 옥수수 전분을 찬물에 풀고 병아리콩과 시금치에 더한다. 살짝 걸쭉해질 때까지 잘 젓는다.

익은 병아리콩과 시금치를 접시에 담고 달걀을 올린다.

301 - 식사 24

데리야키 삼겹살

데리야키는 단맛이 두드러지는 일본의 양념이다. 재료를 재워 통구이나 오븐 구이로 익혀 먹는다.

•

데리야키는 직접 만들어 쓰거나(50쪽 참조), 질 좋은 기성품을 사서 써도 된다.

	2인분	6인분	20인분	75인분
삼겹살	400g	1.2kg	4kg	15kg
물	1L	2.5L	10L	40L
소금	2자밤	2작은술	30g	100g
통흑후추	4개	12개	4g	15g
마늘	1쪽	3쪽	25g	85g
양파, 대강 썬다	¼쪽	1쪽	130g	450g
데리야키 소스(50쪽 참조)	200g	600g	2kg	7.5kg

Start →

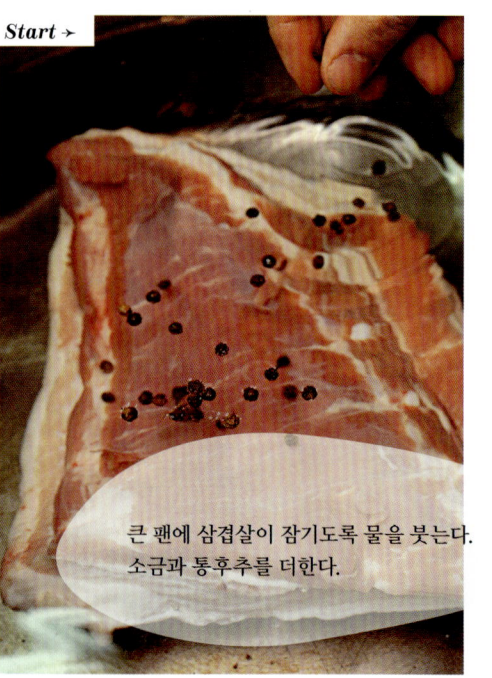

큰 팬에 삼겹살이 잠기도록 물을 붓는다. 소금과 통후추를 더한다.

마늘과 대강 썬 양파를 더한다.

물을 보글보글 끓인다.

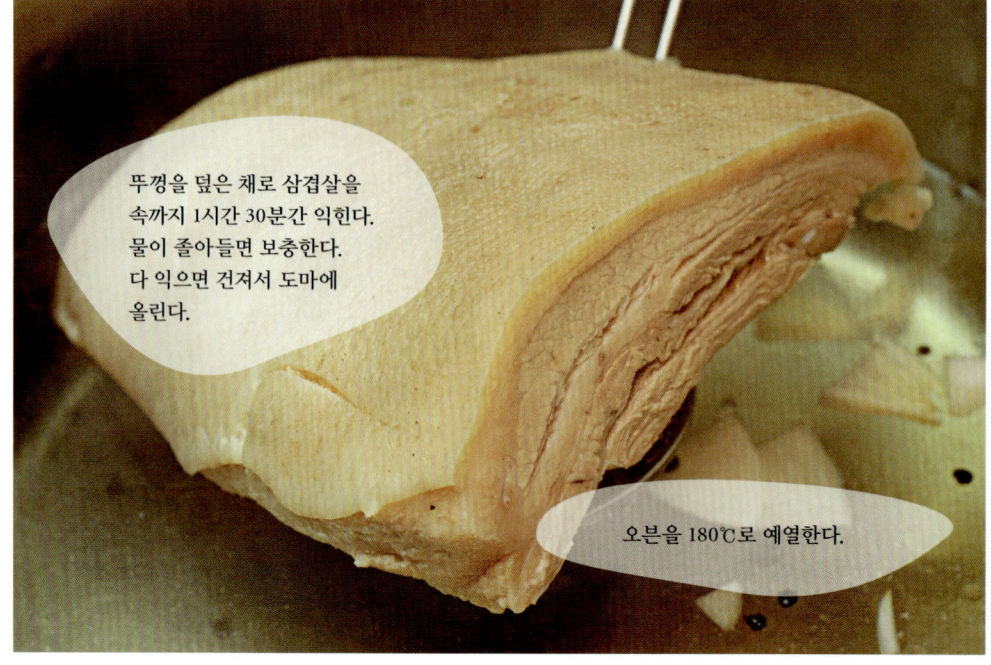

뚜껑을 덮은 채로 삼겹살을 속까지 1시간 30분간 익힌다. 물이 졸아들면 보충한다. 다 익으면 건져서 도마에 올린다.

오븐을 180℃로 예열한다.

Continue →

삼겹살을 2cm 두께로 썬다.

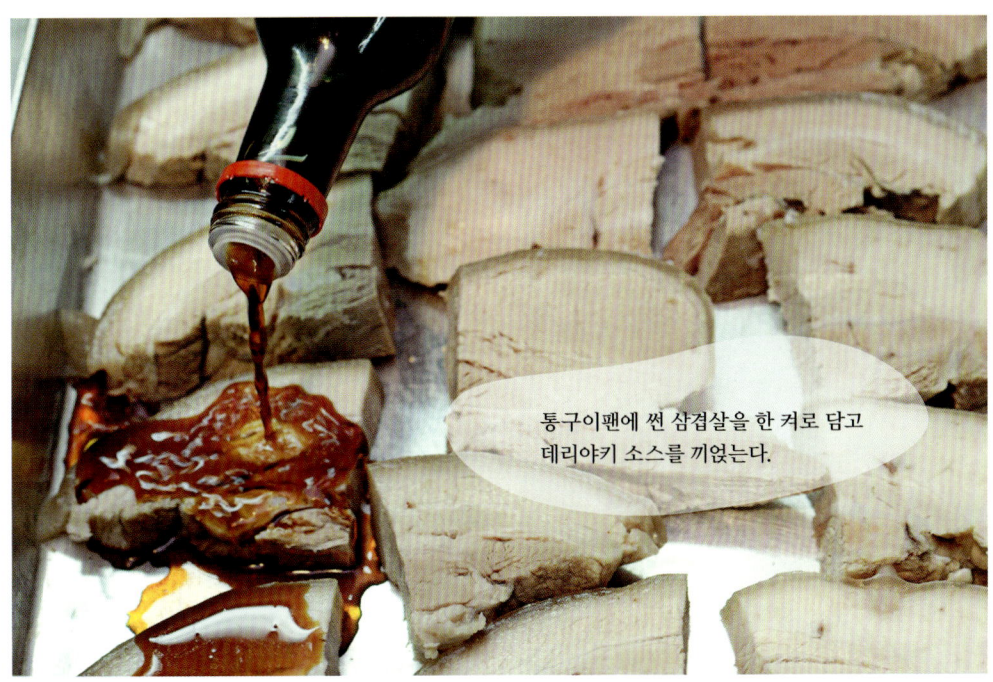

통구이팬에 썬 삼겹살을 한 켜로 담고 데리야키 소스를 끼얹는다.

배어 나온 국물을 끼얹어 가며 삼겹살을 오븐에서 30분간 굽는다.

삼겹살을 접시에 담고 데리야키 소스를 몇 숟가락 끼얹어서 낸다.

꿀과 크림을 곁들인 고구마

고구마의 고향인 중앙 및 남아메리카에서는 고구마로 단맛은 물론 짠맛을 내는 요리도 만든다. 이 간단한 레시피로 고구마가 디저트에 얼마나 잘 어울리는지 확인할 수 있다.

	2인분	6인분	20인분	75인분
고구마(100g짜리)	2개	6개	20개	75개
생크림(유지방 35%)	4큰술	180g	600g	2kg
설탕	1½작은술	5작은술	80g	300g
꿀(묽은 것)	2큰술	6큰술	300g	1kg

Start →

오븐을 180℃로 예열한다.

고구마를 통구이팬에 담아 40분간 굽는다.

고구마가 거의 다 익으면 생크림을 큰 대접에 붓는다.

설탕을 더한다.

Continue →

스탠딩 믹서에 거품기를 달아 부드러운 뿔이 설 때까지 크림을 올린다.

고구마를 오븐에서 꺼낸다. 겉은 바삭하고 속은 부드럽게 익어야 한다.

군고구마를 길게 반으로 가른다.

군고구마를 가른 면이 위로 오도록 접시에 담고 꿀을 끼얹는다.

뜨거운 군고구마에 크림을 얹어 낸다.

Meal 25 식사 25

Potatoes & green beans with Chantilly
샹티 크림을 곁들인 깍지콩과 감자

—

Quails with couscous
메추리와 쿠스쿠스

—

Caramelized pears
캐러멜화한 배

| 샹티 크림을 곁들인 깍지콩과 감자 | 메추리와 쿠스쿠스 |

재료

살 재료
* 페로나 콩(깍지콩)
* 레몬
* 메추리
* 시금치
* 생박하
* 서양배(컨퍼런스 품종)
* 과일 소르베나 아이스크림
* 라스 엘 하누트

찬장의 재료
* 감자
* 소금
* 아산화질소 사이펀과 카트리지
* 통흑후추
* 꿀(묽은 것)
* 엑스트라버진 올리브기름
* 잣
* 건포도
* 쿠스쿠스
* 설탕

냉장고의 재료
* 마요네즈
* 버터
* 생크림(유지방 35%)

냉동고의 재료
* 닭 육수(57쪽 참조)

캐러멜화한 배

메뉴 계획

1시간 30분 전
메추리를 손질해 냉장고에 차게 둔다.

샹티 거품을 만들어 사이펀에 채워 차게 둔다.

배를 캐러멜화한 다음 상온에서 식힌다.

45분 전
감자를 썰고 깍지콩을 다듬는다.

30분 전
감자를 삶는다.

메추리를 굽기 시작한다.

육수를 데우고 잣을 볶아 건포도와 쿠스쿠스를 더한다.

10분 전
쿠스쿠스에 시금치, 육수, 라스 엘 하누트를 더하고 뚜껑을 덮어 둔다.

콩을 삶아 건진다.

주요리를 먹기 직전
갈아 낸 레몬 겉껍질과 즙으로 마무리한다.

식사 전 시간: 4, 3½, 3, 2½, 2, 1½, 1, ½, 식사 시작, 주요리

샹티 크림을 곁들인 깍지콩과 감자

페로나 콩 perona beans 은 스페인에서 자라는 깍지콩의 일종이다. 납작한 깍지콩이라면 어떤 것이든 써도 좋다.

•

사이펀이 없다면 부드러운 뿔이 생기도록 크림을 올린 뒤 마요네즈를 포개듯 섞어 써도 된다. 물론 질감은 사뭇 다르다.

	2인분	6인분	20인분	75인분
중간 크기의 감자	2개	1.2kg	4kg	16kg
페로나콩(깍지콩)	240g	720g	2.4kg	9kg
샹티 크림:				
생크림(유지방 35%)	125ml	250ml	420g	1.25kg
마요네즈	150g	300g	500g	1.5kg
레몬즙	1작은술	1작은술	140ml	360ml
사이펀의 아산화질소 카트리지	2개	2개	4개	10개

Start →

큰 팬에 소금물을 끓인다. 감자를 3cm로 썬다.

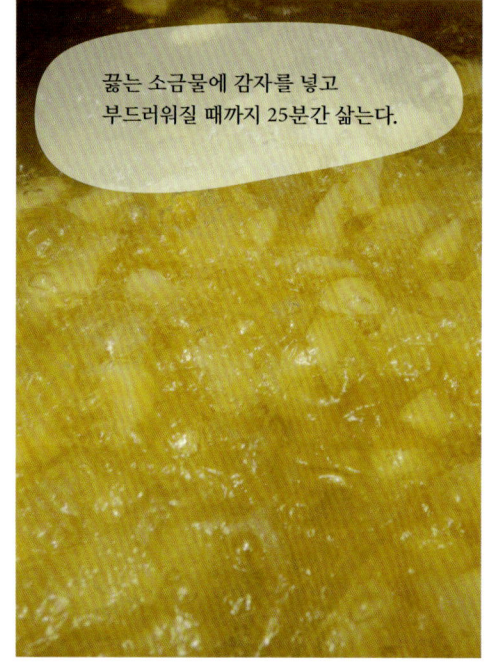

끓는 소금물에 감자를 넣고 부드러워질 때까지 25분간 삶는다.

감자가 익는 동안 생크림과 마요네즈를 큰 대접에 담아 잘 섞는다.

레몬즙을 짜서 섞고 눈이 고운 체에 내려 대접에 담는다. 거품기로 고르게 섞고 소금으로 간한다.

Continue →

마요네즈 섞은 크림을 사이펀에 담고 뚜껑을 닫는다.

사이펀에 카트리지를 끼우고 냉장고에 차게 둔다.

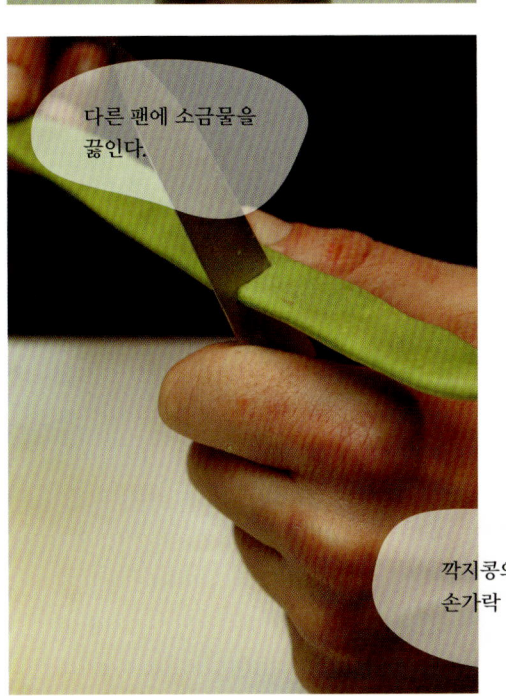

다른 팬에 소금물을 끓인다.

깍지콩의 끝을 다듬고 손가락 길이로 썬다.

끓는 물에 부드러워질 때까지 4분간 삶는다.

감자와 깍지콩을 건진다.

감자를 접시에 담고 깍지콩을 올린다. 샹티 크림을 깍지콩 위에 얹거나 따로 담아 낸다.

메추리와 쿠스쿠스

20인분 혹은 75인분을 만들 경우 1인분에 메추리 1마리가 적당하다. 메추리 대신 영계나 닭가슴살을 쓸 수 있다. 여기서는 메추리를 반으로 갈라 빠르고 고르게 익힌다. 메추리에 칼을 대고 싶지 않다면 정육점 주인에게 부탁한다.

•

라스 엘 하누트 ras el hanout 는 모로코 요리에서 쓰는 고전 배합 양념이다.

	2인분	6인분	20인분	75인분
메추리	4마리	12마리	20마리	75마리
라즈 엘 하누트	1½작은술	3½작은술	28g	90g
생박하	4줄기	12줄기	1단	2단
꿀(묽은 것)	2작은술	1½큰술	150g	400g
엑스트라버진 올리브기름	2큰술(a)	1½큰술(a)	100ml(a)	300ml(a)
	1½큰술(b)	4큰술(b)	125ml(b)	370ml(b)
잣	2작은술	2큰술	190g	560g
건포도	2작은술	2큰술	160g	480g
쿠스쿠스	75g	225g	1kg	3kg
시금치	20g	60g	250g	800g
닭 육수(57쪽 참조)	100ml	300ml	1.3L	4L
레몬	½개	1개	2개	6개

Start →

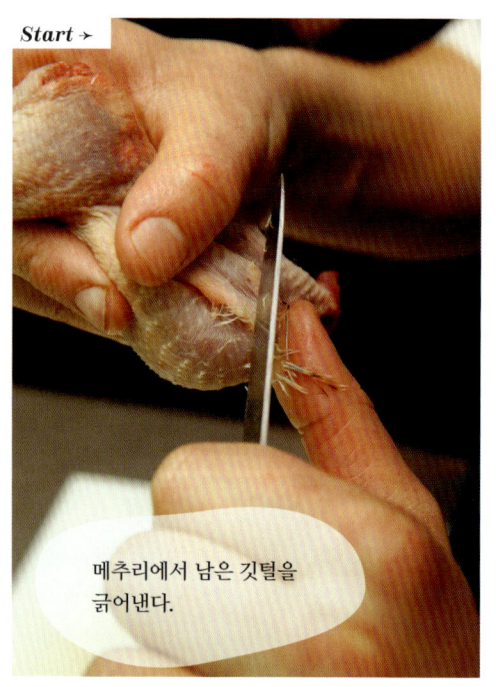

메추리에서 남은 깃털을 긁어낸다.

튼튼한 주방 가위나 가금류 가위로 날개 끝을 잘라 낸다.

가위로 메추리의 등을 따라 가른다.

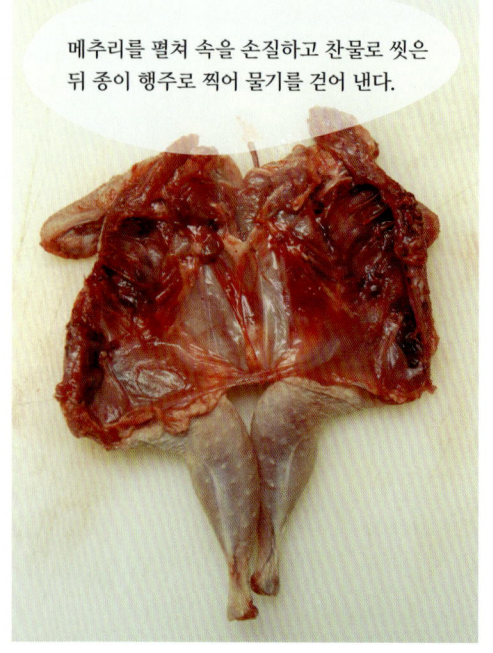

메추리를 펼쳐 속을 손질하고 찬물로 씻은 뒤 종이 행주로 찍어 물기를 걷어 낸다.

통구이팬에 메추리를 담고 소금과 후추, 라스 엘 하누트 ⅔로 간한다. 1시간가량 차게 둔다.

닭 육수를 소스팬에 담아 끓인다. 브로일러를 중불로 예열한다.

생박하 잎을 따내 곱게 채 썬다.

Continue →

채 썬 생박하 잎을 메추리 위에 뿌린다.

꿀과 엑스트라버진 올리브기름(a)을 졸졸 뿌린다.

메추리를 가끔 뒤집으며 노릇하고 촉촉하게 4분간 굽는다. 은박지로 덮어 따뜻하게 둔다.

그사이 넓은 팬에 엑스트라버진 올리브기름(b)을 달궈 잣을 더한다. 약불에서 자주 저어 노릇해질 때까지 5분간 볶는다.

잣에 건포도를 더해 30초간 볶고 쿠스쿠스를 더해 1분간 더 볶는다.

시금치와 남은 라스 엘 하누트를 더하고 닭 육수를 붓는다. 팬에 뚜껑을 덮고 불에서 내려 쿠스쿠스가 육수를 빨아들이도록 둔다.

뭉치지 않도록 쿠스쿠스를 휘젓는다.

쿠스쿠스를 접시에 담고 메추리를 올린다. 곱게 갈아 낸 레몬 겉껍질과 레몬즙으로 마무리한다.

캐러멜화한 배

과일 소르베나 바닐라 또는
초콜릿 아이스크림과 함께 내면 맛있다.

•

배는 이제 막 시작한 배로
만드는 게 가장 좋다.

	2인분	6인분	20인분	75인분
서양배(컨퍼런스 품종)	1개	3개	10개	38개
설탕	1½큰술	3½큰술	350g	1.12kg
버터	2큰술	2큰술	200g	600g
뜨거운 물	200ml	600ml	500ml	1.5L
아이스크림(또는 소르베)	100g	300g	1.2kg	3.5kg
생박하	1줄기	3줄기	10줄기	38줄기

Start →

서양배의 껍질을 벗긴다.

꼭지와 밑동을 썬다.

사과 씨 바르개로 씨를 발라낸다.

배를 길게 반으로 가른다.

Continue →

넓은 팬에 설탕을 담고 약불 또는 중불에 올린다. 설탕이 녹아 색이 진해지며 캐러멜이 되는 걸 볼 수 있다.

잘 저어 고르게 진한 캐러멜을 끓인다.

캐러멜에 버터를 더하고 잘 저어 고루 녹인다.

팬에 자른 면이 닿도록 배를 올린다.

뜨거운 물을 붓는다. 캐러멜이 격렬하게 끓어오를 때 데지 않도록 주의한다.

배를 5분간 조린다. 2분 30초째에 뒤집는다.

배가 부드럽게 익고 캐러멜 소스가 매끄러우면 불에서 내려 상온에 식힌다.

배와 캐러멜 소스를 아이스크림이나 소르베와 낸다. 생박하 잎 몇 장을 올린다.

Meal 26 식사 26

Fish soup
생선 수프

—

Sausages with mushrooms
소시지와 버섯

—

Oranges with honey, olive oil & salt
꿀과 바닷소금을 곁들인 오렌지

재료

살 재료
* 생선
* 바게트(하루 묵은 빵을 써도 좋다)
* 부티파라 소시지(또는 기타 질 좋은, 돼지고기 입자가 굵은 소시지)
* 생로즈마리
* 생타임
* 중간 크기의 양송이버섯
* 생파슬리
* 큰 오렌지

찬장의 재료
* 마늘
* 엑스트라버진 올리브기름
* 파프리카 가루(순한 맛)
* 패스티스(또는 기타 아니스 향 리큐어)
* 비노 랑시오(또는 달지 않은 셰리)
* 소금
* 통흑후추
* 꿀맛 사탕
* 꿀(묽은 것)
* 바닷소금

냉동고의 재료
* 소프리토(43쪽 참조)
* 피카다(41쪽 참조)

생선 수프

소시지와 버섯

꿀과 바닷소금을 곁들인 오렌지

메뉴 계획	식사 전 시간
	4
	3½
	3
	2½
	2
	1½
1시간 (혹은 최대 2일) 전 수프를 끓인다.	1
30분 전 소시지로 완자를 빚어 2~3분간 지진다. 버섯을 썬다. 오렌지의 껍질을 벗겨 썰고 냉장고에 둔다.	½
20분 전 버섯을 볶아 소시지와 허브를 더하고 간을 해 마무리한다. **5분 전** 수프를 데운다. 소시지와 버섯을 접시에 담아 따뜻하게 둔다.	식사 시작
디저트를 먹기 직전 오렌지에 꿀, 올리브기름, 부순 꿀맛 사탕, 바닷소금을 올린다.	디저트

생선 수프

패스티스 대신 아니스 향 리큐어를 쓰거나 내기 직전 팬에 다진 회향을 팬에 더해 향을 불어넣을수 있다.

•

예산을 고려해 생선, 게, 갑각류를 섞고, 생선을 통째로 써 수프에 깊고 진한 맛을 불어넣는다. 생선 비늘을 벗기거나 내장을 발라내는 손질은 생선 가게에 부탁해도 좋다.

•

다른 수프와 마찬가지로 냉동실에 두고 먹을 수 있다. 많이 끓여 소분해 한 끼 이상 먹는다.

	2인분	6인분	20인분	75인분
마늘	3쪽	9쪽	25g	90g
올리브기름	2큰술	6큰술	180ml	650ml
소프리토(43쪽 참조)	1½큰술	4큰술	240g	800g
생선, 통째 손질한다	300g	900g	3kg	10kg
파프리카 가루(단맛)	2작은술	2큰술	25g	90g
물	700ml	2L	5L	16L
빵(하루 묵은 것도 좋다)	20g	60g	120g	400g
피카다(41쪽 참조)	2작은술	2큰술	120g	400g
패스티스	1방울	2방울	1작은술	1½큰술

Start →

칼등이나 공이로 마늘을 대강 으깬다.

올리브기름의 절반을 큰 팬에 달궈 마늘을 노릇해질 때까지 2~3초간 지진다.

소프리토를 더해 자주 뒤적이며 10분간 볶는다.

작은 생선은 통째로 쓰고 큰 생선은 날카로운 가위나 칼로 큼직하게 토막친다.

생선을 팬에 더한다.

파프리카 가루를 솔솔 뿌려 더하고 물을 붓는다.

20분간 살포시 보글보글 끓인다.

수프가 끓는 동안 남은 기름을 달궈 빵을 아주 노릇하게 지진다.

수프를 체에 내려 다른 큰 팬에 담는다.

지진 빵과 피카다를 수프에 더해 10분간 더 끓인다.

손 블렌더로 수프를 매끈하게 간다. 믹서를 써도 좋다.

소금으로 간한다.

패스티스나 아니스 향 리큐어를 붓는다.

크루통을 원하는 만큼 얹어서 낸다.

소시지와 버섯

부티파라 butifarra는 카탈루냐의 전통 소시지이다. 이 요리의 카탈루냐식 이름은 부티파라 에스파라카다 butifarra esparracada로, '잘게 조각낸 부티파라 소시지'를 의미한다. 기타 질 좋은 돼지고기 소시지를 대신 써도 좋다.

•

양송이버섯 대신 야생 버섯을, 파슬리 기름 대신 생파슬리를 쓸 수 있다.

•

비노 랑시오는 카탈루냐의 주정강화 산화 와인이다. 찾을 수 없다면 달지 않은 셰리를 대신 쓸 수 있다.

	2인분	6인분	20인분	75인분
부티파라(또는 기타 품질 좋은 돼지고기 소시지)	250g	750g	2.5kg	9.5kg
올리브기름	3큰술	6큰술	600ml	2L
마늘	4쪽	12쪽	60g	200g
생로즈마리	1줄기	1줄기	3g	10g
생타임	1줄기	1줄기	3g	10g
중간 크기의 양송이버섯	200g	600g	1.8kg	6.5kg
비노 랑시오(또는 달지 않은 셰리)	3큰술	120ml	200ml	750ml
생파슬리	1작은술	1큰술	175g	600g

Start →

소시지는 껍질을 벗기고 속살을 호두만 하게 빚는다.

올리브기름을 큰 팬에 달군다. 소시지를 중불에서 고루 노릇해질 때까지 3~4분간 살포시 지진다.

마늘은 껍질 벗겨 살짝 으깬다. 생로즈마리, 생타임과 함께 팬에 더한다.

5분간 더 지진다.

Continue →

소시지를 지지는 사이 양송이버섯을 씻고 다듬어 길게 4등분한다.

팬에 비노 랑시오를 붓고 바닥에 눌어붙은 것을 긁어낸다. 비노 랑시오가 모자라면 물을 약간 더한다. 다 긁어낸 뒤 팬을 불에서 내린다.

다른 팬에 기름을 약간 두르고 버섯이 노릇해질 때까지 5분간 지진다.

버섯을 소시지에 더하고 중불에서 완전히 익을 때까지 15분간 더 끓인다.

생파슬리는 잎만 따서 곱게 다진다.

다진 파슬리를 더하고 소금과 후추로 간해 낸다.

꿀과 바닷소금을 곁들인 오렌지

바닷소금 결정 대신
굵은 소금을 써도 좋다.
다만 더 아삭거린다.

	2인분	6인분	20인분	75인분
꿀맛 사탕	3개	9개	65g	250g
큰 오렌지	2개	6개	20개	75개
꿀(묽은 것)	1½큰술	4큰술	150g	500g
엑스트라버진 올리브기름	2큰술	6큰술	150ml	500ml
바닷소금	1자밤	넉넉하게 1자밤	1작은술	1큰술

Start →

유산지 2장 사이에 꿀맛 사탕을 넣고 밀대나 기타 무거운 조리 도구로 잘게 부순다.

날카로운 칼로 오렌지의 양 끝을 잘라 낸다.

오렌지 과육만 남기고 겉과 속껍질을 말끔히 벗긴다.

Continue →

오렌지를 5cm 두께로 썰어 접시에 한 켜로 담는다.

꿀을 오렌지에 끼얹는다.

엑스트라버진 올리브기름을 졸졸 끼얹는다.

바닷소금 결정을 솔솔 뿌린다.

부순 사탕을 뿌려 낸다.

325 - 식사 26

Meal 27 식사 27

Mussels with paprika
파프리카로 맛을 낸 홍합찜

—

Baked sea bass
농어 오븐 구이

—

Caramel pudding
캐러멜 푸딩

파프리카로 맛을 낸 홍합찜

재료

살 재료
* 중간 크기의 홍합
* 생파슬리
* 통농어
* 토마토(익은 것)
* 생파슬리
* 생로즈마리
* 감자

찬장의 재료
* 양파
* 마늘
* 올리브기름
* 파프리카 가루(순한 맛)
* 소금
* 후추
* 통흑후추
* 설탕
* 화이트 럼

냉장고의 재료
* 달걀
* 생크림(유지방 35%)

| 농어 오븐 구이 | 캐러멜 푸딩 |

메뉴 계획

식사 전 시간

4

3½

3

2½

2

1½

1시간 전
캐러멜 푸딩의 커스터드 크림을 만들어 찜기에 찐다.

농어 오븐 구이 재료를 준비한다.

45분 전
농어 오븐 구이의 감자, 양파, 토마토를 굽는다.

홍합을 손질하고 소스를 준비한다.

15분 전
채소 위에 농어를 얹어 오븐에 넣는다.

먹기 직전
홍합을 소스에 더한다.

농어 오븐 구이에 올리브기름을 졸졸 끼얹는다.

디저트를 먹기 직전
럼 크림을 부드러운 뿔이 생길 때까지 휘저어 올린다.

1

½

식사 시작

주요리

디저트

파프리카로 맛을 낸 홍합찜

홍합은 질겨지지 않도록 반드시 맨 마지막에 익힌다.

•

입이 벌어지지 않은 홍합은 버린다.

	2인분	6인분	20인분	75인분
홍합	600g	1.4kg	6kg	18kg
마늘	1쪽	3쪽	80g	200g
올리브기름	1½큰술	4큰술	400g	1.2kg
파프리카 가루(순한 맛)	½작은술	1작은술	18g	45g
밀가루	1작은술	3작은술	150g	500g
물	200ml	450ml	1.2L	4L
생파슬리	2작은술	1½큰술	1단	3단

Start →

홍합은 흐르는 찬물에 박박 문질러 닦고 족사를 떼어 낸다.

마늘을 곱게 다진다.

소스팬에 기름을 두르고 마늘을 더해 1분간 볶는다.

파프리카 가루를 더해 2~3분간 더 볶는다.

Continue →

밀가루를 휘저어 더한다.

잘 섞는다.

물을 붓고 저어 매끈한 소스를 만든다.

소스가 걸쭉해지고 맛이 들 때까지 10분간 끓인다.

생파슬리를 곱게 다진 다음 절반을 소스에 더한다.

손질한 홍합을 소스에 더하고 팬의 뚜껑을 덮는다.

5분간 끓인다.

홍합이 완전히 벌어지면 익은 것이다. 벌어지지 않은 건 버린다.

팬을 불에서 내린다.

남은 파슬리를 솔솔 뿌려 낸다. 소금으로 간한다.

농어 오븐 구이

생선 비늘을 벗기기나 내장을 발라내는 손질은 생선 가게에 부탁해도 좋다.

•

도미와 같은 다른 생선으로 대체할 수 있다.

	2인분	6인분	20인분	75인분
농어(300g짜리)	2마리	6마리	20마리	75마리
중간 크기의 감자	2개	6개	3kg	14kg
토마토(익은 것)	2개	6개	1.5kg	5.2kg
중간 크기의 양파	1개	3개	1.1kg	3.4kg
마늘	3쪽	9쪽	200g	600g
올리브기름, 낼 것 별도	2큰술	6큰술	400ml	1.2L
생타임	2줄기	6줄기	20줄기	75줄기
생로즈마리	2줄기	6줄기	20줄기	75줄기

Start →

칼등으로 생선을 꼬리부터 머리쪽으로 긁어 비늘을 벗긴다.

주방 가위로 지느러미를 잘라 낸다.

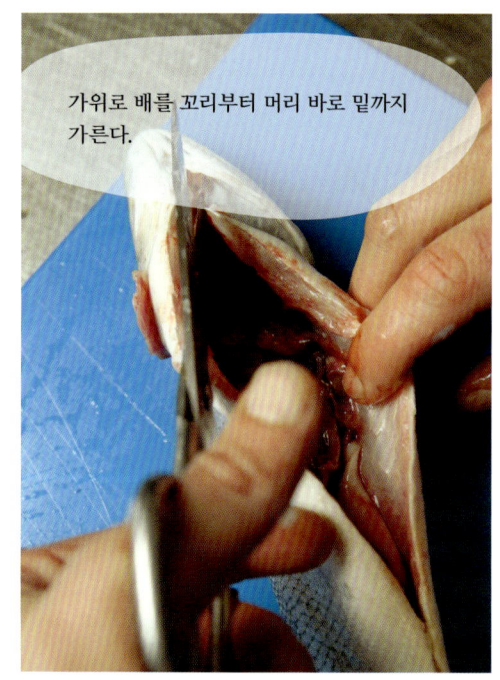

가위로 배를 꼬리부터 머리 바로 밑까지 가른다.

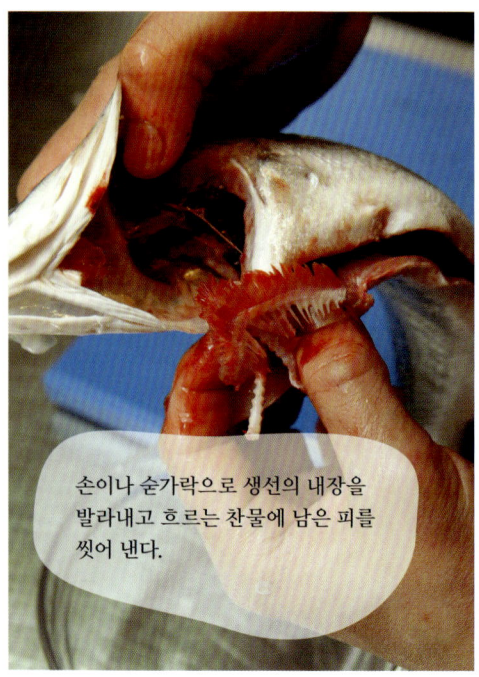

손이나 숟가락으로 생선의 내장을 발라내고 흐르는 찬물에 남은 피를 씻어 낸다.

아가미를 들어내고 꼬리지느러미를 자른다. 몸통 양면에 깊은 칼금을 세 군데 넣는다.

오븐을 180℃로 예열한다.

감자는 껍질을 벗기고 1cm로 썬다.

Continue →

토마토를 5mm 두께로 썬다.

양파를 얇게 썬다.

마늘은 껍질째로 대강 으깬다.

큰 통구이팬에 올리브기름을 약간 붓는다. 감자 절반을 바닥에 깔고 토마토 절반과 양파 절반을 차례대로 깐다.

소금과 후추로 간하고 감자, 토마토, 양파를 한 켜씩 더 깐다.
마늘과 허브를 흩뿌린다. 남은 올리브기름을 붓는다. 팬을 은박지로 덮고 30분간 굽는다.

농어의 겉과 속을 소금으로 간한다. 은박지를 벗기고 생선을 채소 위에 얹은 뒤 오븐의 온도를 190℃로 올린다.

팬을 오븐에 넣어 덮지 않은 채로, 생선살이 불투명해지고 살이 잘 떨어질 때까지 12분가량 더 굽는다.

올리브기름을 약간 뿌리고 생타임과 생로즈마리로 마무리한다.

캐러멜 푸딩

내열 틀의 크기에 따라 푸딩을 더 오래 쪄야 할 수도 있다.

•

푸딩은 고르게 익고 칼을 찔러 넣었을 때 묻어 나오는 게 없다면 다 익은 것이다.

	2인분	6인분	20인분	75인분
설탕	92g	275g	920g	2.76kg
물	50ml	150ml	500ml	1.5L
달걀노른자	4개분	12개분	40개분	120개분
생크림(유지방 35%)	1작은술	1½큰술	100ml	300ml
럼 크림:				
생크림(유지방 35%)	1½큰술	100ml	500ml	1.5L
화이트 럼	½작은술	2작은술	100ml	300ml

Start →

소스팬에 설탕과 물을 붓고 약불에 올려 물이 끓지 않는 상태에서 설탕을 녹인다.

설탕이 녹으면 시럽을 109℃로 끓인다. (설탕 공예용 또는 조리용 온도계로 확인한다.)

달걀노른자를 큰 대접에 담고 거품기로 휘저어 섞는다.

노른자를 눈이 고운 체에 내린다.

멍울이 지지 않도록 스패출라로 노른자를 계속 저으며 완성된 시럽을 조금씩 나눠 붓는다.

Continue →

생크림을 붓는다.

잘 섞이도록 휘젓는다.

커피컵이나 작은 잔 같은 내열 틀에 커스터드를 붓고 랩을 씌운다.

커스터드 담긴 용기를 찜기에 담아 끓는 물이 담긴 팬 위에 올린다. 뚜껑을 덮어 10분간 찐다.

내기 직전에 생크림(럼 크림용)을 부드러운 뿔이 생기도록 올린 다음 화이트 럼을 더해 마저 올린다.

푸딩을 상온으로 낸다.

Meal 28 식사 28

Melon with cured ham
염장 햄과 멜론

—

Rice with duck
오리 죽

—

Chocolate cake
초콜릿 케이크

염장 햄과 멜론

재료

살 재료
* 큰 멜론(익은 것)
* 염장 햄
* 오리 다리

찬장의 재료
* 올리브기름
* 소금
* 화이트 와인
* 쌀(파에야용)
* 통흑후추
* 다크 초콜릿(코코아 60%)
* 설탕

냉장고의 재료
* 버터
* 달걀

냉동고의 재료
* 닭 육수(57쪽 참조)
* 소프리토(43쪽 참조)
* 피카다(41쪽 참조)

| 오리 죽 | 초콜릿 케이크 |

메뉴 계획

1시간 전
케이크 반죽을 만들어 틀에 채운다.

40분 전
육수를 끓이고 오리 다리를 토막친 뒤 쌀을 준비한다.

30분 전
오리를 지지기 시작한다.

초콜릿 케이크를 굽는다.

20분 전
쌀에 육수를 붓는다.

먹기 직전
멜론을 썬다.

디저트를 먹기 직전
케이크를 틀에서 꺼내 따뜻한 초콜릿과 낸다.

식사 전 시간

4
3½
3
2½
2
1½
1
½
식사 시작
디저트

염장 햄과 멜론

햄은 상온으로, 멜론과 따로 낸다.

•

이 요리는 디저트로 낼 수도 있다.

•

캔털루프cantaloupe나
피엘 데 사포piel de sapo(개구리 멜론)가
이 요리에 가장 잘 어울리는 품종이다.

	2인분	6인분	20인분	75인분
큰 멜론(익은 것)	¼개	1개	3개	10개
염장 햄, 얇게 저민다	100g	250g	600g	2,25kg

Start →

멜론을 반으로 가르고 꼭지와 밑동을 잘라 낸다.

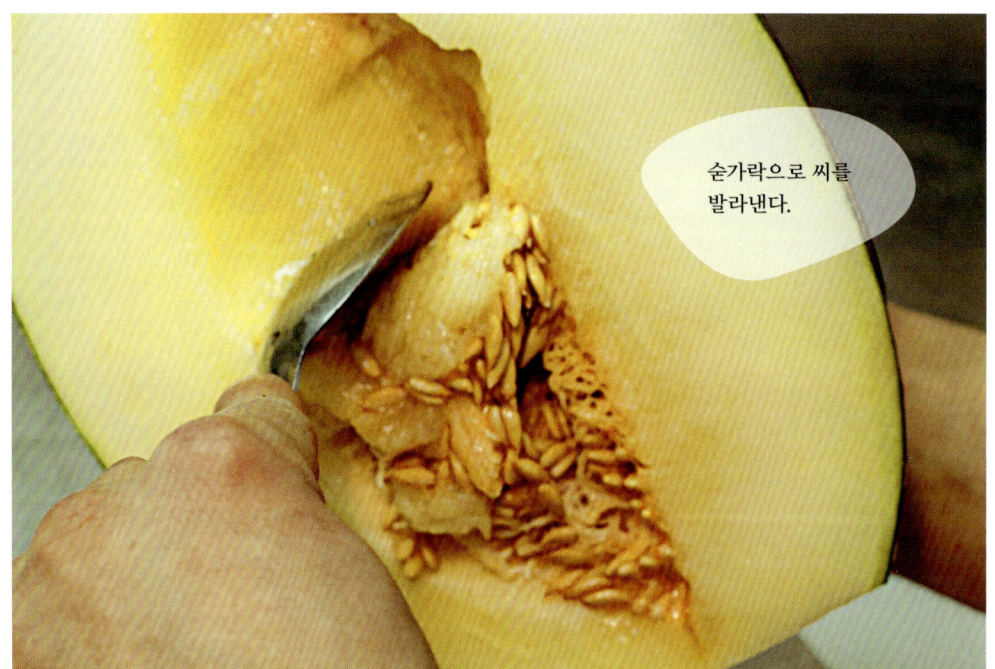

숟가락으로 씨를 발라낸다.

2,5cm 폭으로 썬다.

멜론 2쪽이 1인분이다.

썬 멜론을 접시에 담는다.

다른 접시에 저민 햄을 담는다.

햄과 멜론을 따로 낸다.

오리 죽

엘불리에서는 많은 쌀 요리에
소프리토와 피카다를 쓴다.
미리 많이 만들어 소분해
냉동실에 두었다가 필요할 때 꺼내 쓴다.

•

오리고기에 곁들이는 쌀의 질감은
크림처럼 부드러워야 한다.

	2인분	6인분	20인분	75인분
닭 육수(57쪽 참조)	750ml	2L	6L	22L
오리 다리	1쪽	3쪽	4kg	16kg
올리브기름	2큰술	50ml	130ml	450ml
화이트 와인	1½큰술	50ml	130ml	450ml
소프리토(43쪽 참조)	1½큰술	180g	330g	1kg
쌀(파에야용)	200g	600g	2kg	6.5kg
피카다(41쪽 참조)	2작은술	2큰술	120g	400g

Start →

소스팬에 닭 육수를 담아 보글보글 끓인다.

육수가 끓는 사이 오리 다리살의 비계와 껍데기를 적당히 다듬는다.

오리고기를 2.5cm 폭으로 썬다.

중간 크기의 팬에 올리브기름을 둘러 달군다. 오리고기를 소금으로 간해 팬에 올린다.

노릇해질 때까지 4~5분간 지진다.

화이트 와인을 붓고 팬의 바닥에 눌어붙은 것을 긁어낸다.

Continue ➔

와인이 대부분 날아가면 소프리토를 더한다.

뒤적이며 5분간 익힌다.

쌀을 더해 계속 뒤적이며 3분간 더 익힌다.

뜨거운 육수를 붓고 달라붙지 않도록 자주 뒤적이며 17분간 더 끓인다.

피카다를 더한다.

소금과 후추로 간한다.

팬을 불에서 내려 3분간 뜸들인다. 쌀은 크림처럼 부드러우면서도 심이 씹히도록 익힌다.

공기나 접시에 담아 낸다.

초콜릿 케이크

케이크가 달라붙지 않도록 말랑말랑한 실리콘 틀을 쓰는 게 좋다. 만약 금속 틀밖에 없다면 반죽을 붓기 전에 버터를 고루 잘 바른다. 이 레시피에는 직경 12cm, 깊이 4cm 짜리 틀을 쓴다.

•

완성도가 떨어지므로 6인분 이하로는 만들지 않는 것이 좋다. 케이크는 미지근하게 낸다. 남은 케이크는 밀폐 용기에 담아 2일 동안 두고 먹을 수 있다.

	2인분	6인분	20인분	75인분
다크 초콜릿(코코아 60%)	-	175g	600g	2.25kg
버터, 실온에 둔다	-	90g	300g	1.1kg
달걀흰자	-	120g (달걀 4개분)	400g	1.4kg
설탕	-	2큰술	100g	300g
달걀노른자	-	15g (달걀 1½개분)	50g	175g

Start →

다크 초콜릿을 잘게 썬다.

팬에 물을 담아 약불에 올리고 금속이나 유리 대접을 그 위에 올린다. 대접의 바닥에 물기가 전혀 없이 완전히 건조된 상태에서 초콜릿을 대접에 담는다.

스패출라로 가끔 저으며 초콜릿을 서서히, 매끄럽게 녹이고 팬을 불에서 내린다.

버터를 깍둑 썰어 뜨거운 초콜릿에 더한다.

스패출라로 저어 버터를 녹인다.

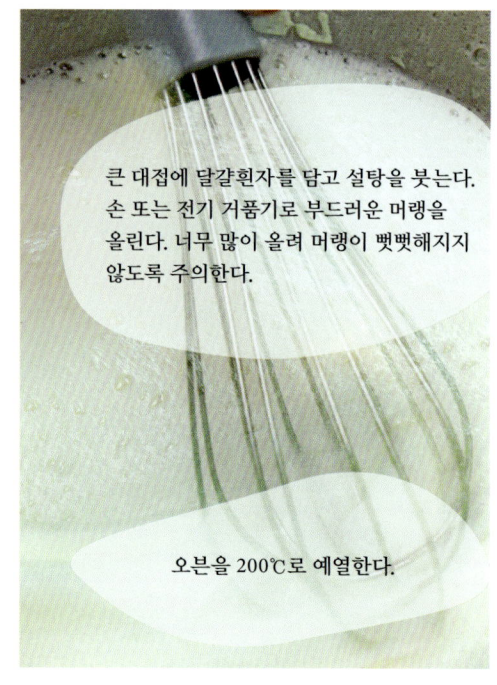

큰 대접에 달걀흰자를 담고 설탕을 붓는다. 손 또는 전기 거품기로 부드러운 머랭을 올린다. 너무 많이 올려 머랭이 뻣뻣해지지 않도록 주의한다.

오븐을 200℃로 예열한다.

Continue →

다른 대접에 달걀노른자를 담아 거품기로 2~3분간 휘젓는다.

노른자를 머랭에 더하고 스패출라나 거품기로 포개듯 섞는다.

머랭을 버터 녹인 초콜릿에 더한다.

스패출라로 포개듯 고르게 섞는다.

반죽을 짤주머니에 담고 끝을 잘라 낸다. 짤주머니가 없다면 2작은술 정도 떠낸다.

반죽을 직경 12cm, 높이 4cm 크기의 반구형 실리콘 틀에 짜거나 떠서 채운다.

반죽이 익어 가장자리에서 떨어져 나올 때까지 12분가량 오븐에 굽는다.

조금 식혀 틀에서 꺼낸다.

따뜻할 때 담아 낸다.

Meal 29 식사 29

Roasted vegetables with olive oil
올리브기름 채소 오븐 구이

—

Salmon stewed with lentils
렌틸콩 연어 스튜

—

White chocolate cream
화이트 초콜릿 크림

올리브기름 채소 오븐 구이

렌틸콩 연어 스튜

재료

살 재료
* 큰 가지
* 빨간색 큰 파프리카
* 생연어
* 생파슬리
* 렌틸콩(통조림 혹은 병조림)
* 피스타치오(껍데기 벗긴 것)
* 양파

찬장의 재료
* 올리브기름
* 소금
* 셰리 식초
* 통흑후추
* 화이트 초콜릿

냉장고의 재료
* 달걀
* 생크림(유지방 35%)

냉동고의 재료
* 소프리토(43쪽 참조)
* 생선 육수(56쪽 참조)
* 피카다(41쪽 참조)

화이트 초콜릿 크림

메뉴 계획

1시간 30분 전
채소 오븐 구이의 채소를
구운 뒤 식힌다.

1시간 전
화이트 초콜릿 크림을
만들어 냉장고에 보관한다.

45분 전
연어와 렌틸콩을 위한
파슬리를 손질한다.

15분 전
렌틸콩을 익히기 시작한다.

10분 전
채소를 비네그레트에
버무린다.

먹기 직전
연어를 렌틸콩에 더한다.

디저트를 먹기 직전
피스타치오를 화이트 초콜릿
크림 위에 솔솔 뿌린다.

식사 전 시간

4

3½

3

2½

2

1½

1

½

식사 시작

디저트

올리브기름 채소 오븐 구이

스페인에서 에스칼리바다escalivada라 불리는 요리로, 카탈루냐어로 '뜨거운 재에 익히다'라는 뜻인 에스칼리바르escalivar에서 왔다. 올리브기름에 통으로 굽는 채소를 일컫는다.

•

비네그레트를 만들 만큼 구운 채소에서 국물이 충분히 나오지 않았다면 셰리 식초와 올리브기름을 더 더한다.

	2인분	6인분	20인분	75인분
큰 가지	1개	3개	2kg	7.5kg
빨간색 큰 파프리카	1개	3개	2kg	7.5kg
올리브기름	2큰술	6큰술	300g	1kg
소금	1자밤	2자밤	25g	100g
중간 크기의 양파	2자밤	6자밤	2kg	7.5kg
비네그레트:				
셰리 식초	1작은술	1큰술	30ml	100ml
올리브기름	2큰술	6큰술	300ml	1L
소금	1자밤	2자밤	15g	40g

Start →

오븐을 200℃로 예열한다.

가지와 파프리카를 통구이팬에 담아 올리브기름을 졸졸 흘리고, 소금을 뿌린다.

양파를 은박지에 싸서 팬에 더한다. 채소를 45분간 굽는다.

45분 뒤 파프리카의 껍질이 그을리고 가지가 물러지면 만질 수 있을 만큼 식힌다. 팬에 배어 나온 국물은 모아 둔다.

파프리카의 껍질을 벗기고 씨를 발라낸다.

가지도 꼭지를 썰고 껍질을 벗긴다.

Continue ➜

파프리카와 가지를 5mm 폭으로 썬다.

양파를 은박지에서 꺼내 껍질을 벗기고 4등분한다. 배어 나온 국물은 모아 둔다.

채소를 접시에 고루 나눠 담는다.

채소 국물에 셰리 식초와 올리브기름을 더해 비네그레트를 만든다.

소금으로 간한다.

채소에 비네그레트를 끼얹어 낸다.

렌틸콩 연어 스튜

생선 비늘을 벗기기나 내장을 발라내는 손질은 생선 가게에 부탁해도 좋다.

•

이 요리는 고등어처럼 기름기 많은 생선으로 만들어도 맛있다. 아니면 바지락이나 맛조개, 홍합 같은 패류로 만들어도 좋다.

	2인분	6인분	20인분	75인분
연어	300g	900g	3kg	12kg
생파슬리	2작은술	2큰술	1단	3단
올리브기름	2작은술	2큰술	50ml	200ml
소프리토(43쪽 참조)	1큰술	3큰술	300g	1kg
생선 육수(56쪽 참조)	400ml	1.2L	3.5L	10L
렌틸콩(통조림), 익힌다	300g	900g	3kg	10kg
피카다(41쪽 참조)	2작은술	2큰술	150g	400g
소금	1자밤	2자밤	3g	10g

Start →

연어의 껍질을 벗긴다.

연어 꼬리 쪽을 자신의 몸 가까이에 두고, 살과 껍질 사이에 칼금을 넣은 뒤 껍질을 단단히 붙든 상태에서 칼을 몸 바깥쪽으로 움직인다.

손가락으로 살을 훑어 가시를 찾아 낸다. 보이는 대로 핀셋으로 당겨 뽑아 낸다.

3cm로 깍둑 썬다.

10쪽이 1인분이다.

생파슬리는 잎만 따낸다.

생파슬리 잎을 곱게 다진다.

소스팬을 중불에 달구고 올리브기름을 두른 뒤 소프리토를 올린다.

1분간 볶는다.

생선 육수를 붓고 끓으면 익힌 렌틸콩을 더한다.

피카다를 더해 10분간 더 보글보글 끓인다.

연어를 소금과 후추로 간해 팬에 올린다.

1분 뒤 연어가 부스러지지 않도록 조심스레 뒤집는다. 맛을 보고 소금간을 보충한다.

다진 파슬리를 솔솔 뿌리고 조심스레 뒤적인다.

스튜를 얕은 대접이나 접시에 담아 낸다.

화이트 초콜릿 크림

엘불리에서는 구운 피스타치오를 얹어 내지만, 다른 견과류나 생라즈베리, 딸기를 써도 좋다. 동결 건조한 것도 괜찮다.

•

피스타치오는 중불에 프라이팬을 올려 계속 뒤적이며 노릇해질 때까지 2분가량 볶는다.

•

화이트 초콜릿 크림은 먹기 하루 전에 만들어 둔다.

	2인분	6인분	20인분	75인분
화이트 초콜릿	70g	220g	800g	3.63kg
생크림(유지방 35%)	90ml	260ml	1.42L	4.28L
달걀노른자	1개분	3개분	220g	990g
피스타치오(껍데기 벗겨 구운 것)	20g	100g	150g	670g

Start →

화이트 초콜릿을 곱게 다진다.

생크림을 소스팬에 부어 끓인다.

달걀노른자를 큰 대접에 담고 거품기로 계속 휘저으며 뜨거운 크림을 붓는다.

깨끗한 팬에 크림을 담고 약불에 올린 뒤 계속 저으며 걸쭉해질 때까지 3분간 데운다. 끓어 오르지 않도록 주의한다.

Continue →

온도계로 쟀을 때 80℃에 이르면 다 익은 것이다.

화이트 초콜릿에 뜨거운 크림을 붓고 2분간 그대로 두어 녹인다.

거품기로 휘저어 매끈한 크림을 만든다.

대접에 담아 냉장고에서 1시간가량 굳힌다.

피스타치오를 크림 위에 솔솔 뿌려 낸다.

Meal 30 식사 30

Grilled lettuce hearts
상추 구이

—

Veal with red wine & mustard
레드 와인 머스터드 송아지고기 조림

—

Chocolate mousse
초콜릿 무스

상추 구이

레드 와인 머스터드 송아지고기 조림

재료

살 재료
* 생박하
* 상추
* 송아지 볼살

찬장의 재료
* 세리 식초
* 통알곡(홀그레인) 머스터드
* 올리브기름
* 소금
* 통흑후추
* 브랜디
* 레드 와인
* 설탕
* 즉석 감자 플레이크
* 다크 초콜릿(코코아 60%)
* 아산화질소 사이펀과 카트리지
* 헤이즐넛(설탕 입힌 것)

냉장고의 재료
* 달걀
* 지방을 걷어 내지 않은 우유
* 버터
* 생크림(유지방 35%)

초콜릿 무스

메뉴 계획	식사 전 시간
	4
3시간 30분 전 송아지 볼살을 지져 익힌다. (오븐에 요리할 경우)	3½ 3 2½ 2 1½
1시간 전 송아지 볼살을 지져 익힌다. (압력솥에 요리할 경우) 초콜릿 무스를 만들어 사이펀에 채운다. 20분 전 비네그레트를 만들고 상추를 썬다. 10분 전 으깬 감자를 만든다. 먹기 직전 상추를 굽고 비네그레트를 끼얹는다.	1 ½ 식사 시작
주요리를 먹기 직전 송아지 볼살의 국물을 졸인다.	주요리
디저트를 먹기 직전 초콜릿 무스를 사이펀에서 짜 담고 헤이즐넛을 솔솔 뿌린다.	디저트

상추 구이

비네그레트는 너무 휘저어 유화되지 않도록 주의한다.

•

상추 대신 엔다이브를 써도 좋다.

	2인분	6인분	20인분	75인분
생박하	8줄기	20g	33g	100g
통알곡(홀그레인) 머스터드	1작은술	1큰술	180g	570g
셰리 식초	1큰술	3큰술	110ml	335ml
달걀노른자	1개분	3개분	8개분	25개분
올리브기름, 지짐용 별도	6큰술	240ml	900ml	2.7L
상추(리틀 젬 품종 등)	2줄기	6줄기	20줄기	75줄기

Start →

드레싱을 만든다. 생박하 잎과 통알곡 머스터드를 깊은 단지에 담는다.

셰리 식초를 붓는다.

달걀노른자를 더한다.

Continue →

손 블렌더로 박하를 곱게 갈면서 올리브기름을 흘려 더한다.

상추를 길게 반으로 가른다.

큰 프라이팬을 중불에 올리고 기름을 약간 두른다. 상추를 소금으로 간해 양면이 고루 노릇해지도록 5분간 지진다.

상추를 다시 길게 반으로 갈라 4쪽씩 접시에 담는다.

박하 비네그레트를 끼얹어 낸다.

레드 와인 머스터드 송아지고기 조림

송아지 볼살은 압력솥에서 빨리 익힐 수 있다. 압력솥이 없다면 오븐에서도 쉽게 만들 수 있다. 오븐을 180℃로 예열한다. 볼살을 캐서롤에 담고 국물을 부은 다음 덮어 야들야들해질 때까지 3시간가량 익힌다. 머스터드로 마무리한다.

•

이 요리는 돼지 볼살이나 송아지 혹은 소 정강이처럼 느리게 오래 익혀 먹는 부위로도 만들 수 있다.

	2인분	6인분	20인분	75인분
송아지 볼살	2쪽	6쪽	20쪽	75쪽
올리브기름	2작은술	1½큰술	200ml	500ml
브랜디	3큰술	100ml	500ml	1.5L
설탕	2작은술	1½큰술	80g	200g
레드 와인	500ml	1L	3L	9L
물		1L	2L	4L	12L
통알곡(홀그레인) 머스터드	1작은술	1½큰술	60g	250g
지방을 걷어 내지 않은 우유	200ml	500ml	2.5L	7.5L
버터, 깍둑 썬다	10g	25g	250g	750g
즉석 감자 플레이크	25g	65g	300g	930g

송아지 볼살에 소금과 후추로 간한다.

압력솥을 중불에 올리고 올리브기름을 두른 뒤 송아지 볼살을 더한다. 양면을 노릇하게 지진다.

2점 이상 익힐 경우 나눠서 지진 뒤 접시에 모아 둔다.

지진 볼살을 압력솥에 담고 브랜디를 부어 살짝 졸인다.

설탕을 더하고 레드 와인을 붓는다.

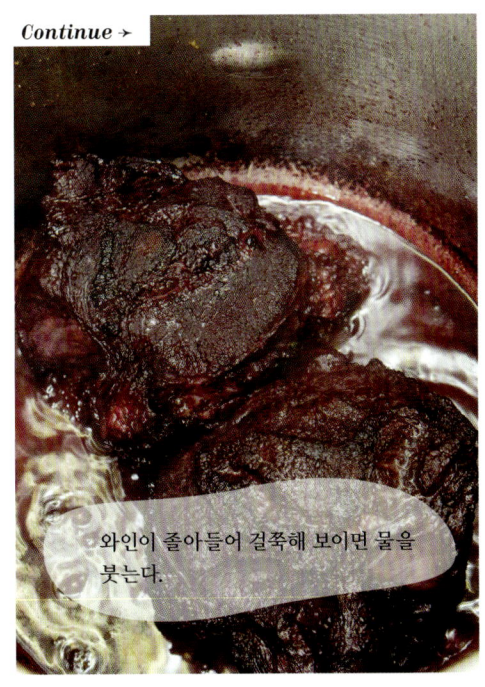

초콜릿 무스

사이펀 하나로 낼 수 있는 초콜릿 무스의 최대량은 6~8인분이다. 사이펀이 없다면 달걀흰자를 단단한 뿔이 생길 때까지 거품기로 올려 초콜릿에 포개듯 섞는다. 물론 질감은 같지 않다.

•

설탕 입힌 헤이즐넛 대신 바삭한 견과류 고명이라면 부순 아몬드나 땅콩 브리틀 등 무엇이든 쓸 수 있다.

	2인분	6~8인분	20인분	75인분
다크 초콜릿(코코아 60%)	–	130g	640g	2.4kg
생크림(유지방 35%)	–	120ml	600g	2.2kg
달걀흰자	–	4개분	450g	1.7kg
사이펀의 아산화질소 카트리지	–	1개	3개	8개
헤이즐넛(설탕 입힌 것)	–	30	300g	1kg

거품의 완성도를 유지할 수 있는 최소량이 4~6인분이다. 만약 사이펀이 없다면 생크림과 요구르트를 휘저어 올려 만들 수 있다. 다만 질감이 그만큼 가볍지는 않다.

4~6인분에 0.5L짜리 1개, 20인분에 2짜리 2개, 75인분에 1L짜리 6개의 사이펀이 각각 필요하다.

Start →

다크 초콜릿을 곱게 다져 대접에 담는다.

소스팬에 생크림을 붓고 센불에 올려 끓인다.

초콜릿에 끓인 생크림을 붓는다.

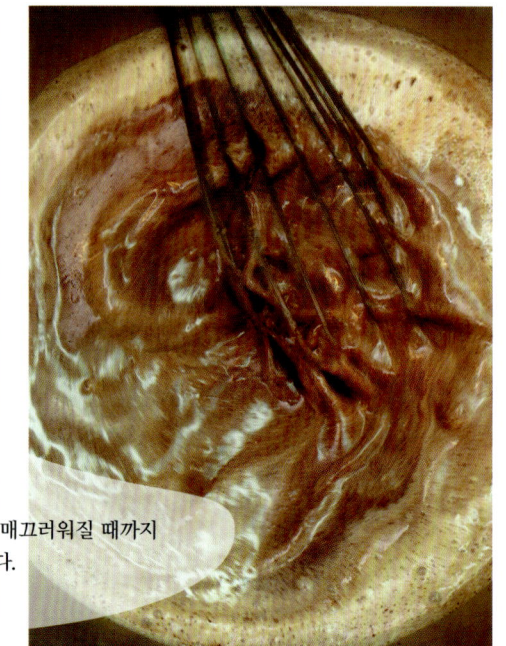

초콜릿이 녹아 매끄러워질 때까지 거품기로 젓는다.

Continue →

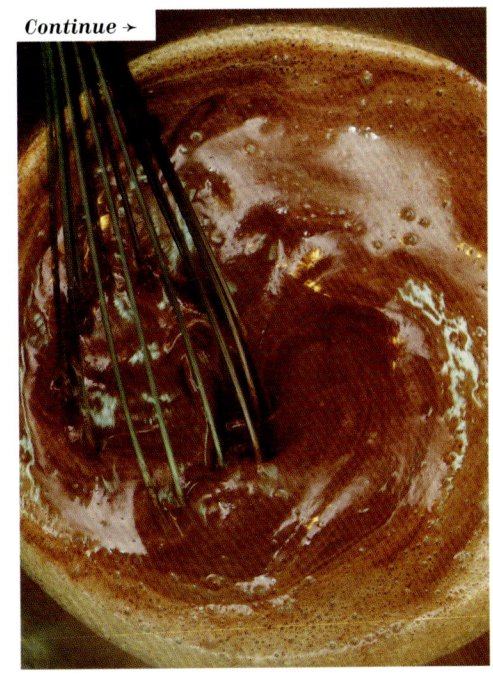

조금 식힌다.

달걀흰자를 더해 완전히 섞는다.

눈이 고운 체로 내려 사이펀에 붓는다.

뚜껑을 닫고 카트리지를 끼운다.

카트리지를 힘차게 흔들어 상온에 둔다.

무스를 작은 공기나 잔에 담는다.

헤이즐넛이나 기타 고명을 얹는다.

Meal 31 식사 31

Waldorf salad
월돌프 샐러드

—

Noodle soup with mussels
홍합 국수 수프

—

Melon & mint soup with pink grapefruit
핑크 그레이프프루트와 멜론 박하 수프

―
월도프 샐러드
―

―
홍합
국수 수프
―

재료

살 재료
* 셀러리
* 레몬
* 작은 홍합
* 큰 멜론(캔털루프나 피엘 드 사포, 익은 것)
* 핑크 그레이프프루트
* 생박하

찬장의 재료
* 호두(껍데기 벗긴 것)
* 통알곡(홀그레인) 머스터드
* 소금
* 통흑후추
* 필리니 파스타
* 올리브기름
* 화이트 와인
* 설탕

냉장고의 재료
* 생크림(유지방 35%)

냉동실의 재료
* 생선 육수(56쪽 참조)
* 소프리토(43쪽 참조)
* 피카다(41쪽)

핑크 그레이프프루트와 멜론 박하 수프

메뉴 계획

1시간 전
멜론 박하 수프를 만들고 그레이프프루트를 조각조각 썰어 차게 둔다.

홍합을 손질해 냉장고에 둔다.

30분 전
생선 육수를 보글보글 끓인다.

샐러드 드레싱을 만든다.

셀러리, 사과, 호두를 썬다.

20분 전
파스타를 삶기 시작한다.

10분 전
파스타에 소프리토, 와인, 육수, 피카타를 더한다.

샐러드를 준비한다.

먹기 직전
수프에 홍합을 더한다.

디저트를 먹기 직전
그레이프프루트를 공기에 담고 멜론 수프를 떠 끼얹는다.

월돌프 샐러드

샐러드를 많이 만들 때는
· 아스코르빈산(비타민 C 가루)를 뿌려
갈변을 막는다. 레몬즙으로도 같은
효과를 얻을 수 있다.

	2인분	6인분	20인분	75인분
셀러리	100g	300g	1kg	3.5kg
호두(껍데기 벗긴 것)	30g	90g	300g	1kg
마요네즈	60g	180g	600g	2kg
통알곡(홀그레인) 머스터드	2작은술	1½큰술	65g	225g
생크림(유지방 35%)	1½큰술	4큰술	150g	500g
레몬즙, 거른다	1큰술	2큰술	75ml	280ml
골든 딜리셔스 사과	1개	3개	7개	25개

Start →

셀러리는 잎을 잘라 내고 줄기의 질긴 겉껍질을 채소 껍질 벗기개로 벗겨 낸다.

5cm 폭으로 썬다.

호두를 반으로 가른다.

드레싱을 만든다. 마요네즈를 대접에 담고 머스터드를 섞는다.

Continue →

생크림과 레몬즙을 섞고 소금으로 간한다.

사과의 껍질을 벗긴다.

씨를 피해 과육을 썬다.

1cm 폭으로 깍둑 썬다.

셀러리, 사과, 호두를 샐러드 대접에 담는다.

드레싱을 떠서 올리고 잘 버무린다. 소금과 후추로 간한다.

그릇에 담아 낸다.

홍합 국수 수프

엘불리에서는 수프에 파프리카나 사프란을 넣기도 한다.

•

홍합 대신 바지락으로 끓여도 좋고, 필리니 대신 기타 짧은 파스타를 써도 괜찮다.

•

생선 육수, 소프리토, 피카다는 많이 만들어 냉동고에 두면 이 수프를 포함한 여러 요리를 빠르고 간편하게 만들 수 있다.

	2인분	6인분	20인분	75인분
작은 홍합	115g	350g	2.25kg	8.5kg
생선 육수(56쪽 참조)	400ml	1.2L	4.5L	16L
올리브기름	2작은술	4큰술	200ml	700ml
필리니 파스타	180g	540g	1.8kg	7kg
소프리토(43쪽 참조)	30g	90g	300g	1kg
화이트 와인	1½큰술	4큰술	150ml	500ml
피카다(41쪽 참조)	2작은술	1½큰술	120g	400g

Start →

홍합은 흐르는 찬물에 박박 문질러 닦고 족사를 떼어낸다.

소스팬에 생선 육수를 담아 보글보글 끓인다.

큰 팬에 올리브기름을 달구고 파스타를 올린다.

필리니 파스타를 노릇해질 때까지 1~2분간 볶는다.

필리니 파스타에 소프리토를 더해 2분간 볶는다.

잘 섞는다.

Continue →

화이트 와인을 붓고 팬 바닥에 눌어붙은 것을 긁어낸다.

뜨거운 육수와 피카다를 차례로 더하고 10분간 더 끓인다.

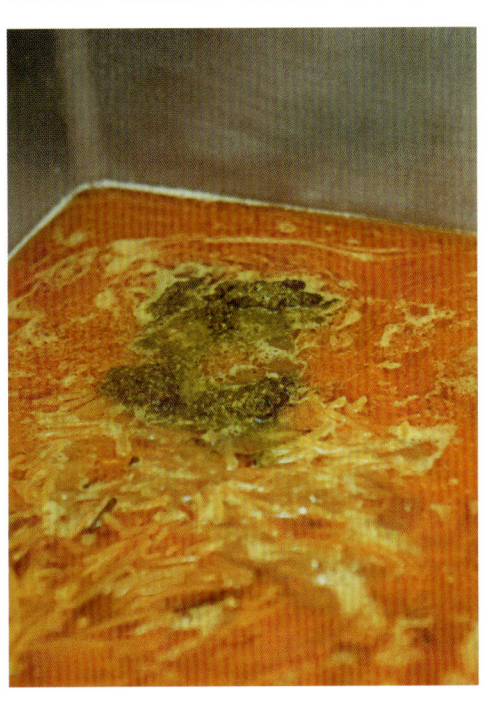

홍합을 수프에 더하고 팬의 뚜껑을 덮어 5분간 보글보글 끓인다.

홍합이 벌어지면 잘 익은 것이다. 벌어지지 않은 홍합은 버린다.

팬을 불에서 내리고 수프를 소금과 후추로 간해 낸다.

핑크 그레이프프루트와 멜론 박하 수프

완성도가 떨어지니 6인분 이하로는 만들지 않는 것이 좋다. 남은 수프는 다음 날 아침에 과일 주스 대신 맛있게 먹을 수 있다. 냉동실에 보관한다.

•

캔털루프나 피엘 데 사포(개구리 멜론)이 이 수프에 잘 어울린다. 다 익은 멜론은 손가락으로 누르면 살짝 들어간다.

	2인분	6인분	20인분	75인분
큰 멜론(익은 것)	–	1개	3개	10개
생박하	–	10개	20g	70g
설탕	–	2큰술	150g	500g
핑크 그레이프프루트	–	2개	1.5kg	5kg

멜론의 꼭지와 밑동을 썰고 반으로 가른다.

씨를 발라낸다.

멜론을 길게 썰고 껍질을 벗긴다.

멜론을 토막 낸다.

멜론을 손 블렌더나 푸드 프로세서로 갈아 수프를 만든다.

Continue →

생박하는 잎만 따서 몇 장을 고명으로 남긴다.

남은 박하를 수프에 더해 매끈하게 간다. 설탕을 더해 같은 과정을 되풀이한다.

그레이프프루트 절반은 위와 아래 부분을 잘라 버리고 껍질을 벗긴다.

과육을 조각조각 발라내 둔다.

남은 그레이프프루트의 즙을 짠다.

즙을 수프에 부어 섞는다.

눈이 고운 체에 수프를 내린다.

그레이프프루트 몇 쪽을 수프 접시에 담고 박하 잎을 몇 장씩 올린다.

수프를 부어 낸다.

Glossary & Index
용어와 찾아보기

용어

갈다
블렌더나 전기 믹서로 재료를 완전히 섞는 과정이다.

거품기로 휘저어 올리기
철사로 만든 거품기로 재료를 빠르게 휘저어 공기를 불어넣고 부피를 키우는 과정을 의미한다.

건지다
조리나 체 등에 받쳐 재료의 물기를 걷어 내는 과정이다.

걷어내기
액체의 표면에서 거품이나 찌꺼기 등을 국자나 큰 숟가락으로 떠내는 과정이다.

걸쭉하게 만들기
달걀노른자나 밀가루 등을 더해 소스나 수프를 걸쭉하게 만드는 조리법이다.

그레몰라타
파슬리, 마늘, 레몬 등을 함께 다진 양념으로 종종 오소부코에 올려 낸다.

노릇하게 지지다
팬에 기름을 두르고 뜨겁게 달궈 표면을 노릇하게 지지는 요리법이다.

다듬기
재료에서 못 먹거나 상한 부분을 없애는 과정이다.

데침
재료를 끓는 물에 잠깐 익힌다. 대개 익힌 다음 찬물에 담가 과조리를 막는다.

라스 엘 하누트
모로코 요리의 고전적인 배합 양념으로, 대개 카르다몸, 정향, 계피, 후추, 고춧가루, 고수와 강황 등을 섞어 만든다.

로너
레스토랑 주방에서 쓰는, 저온 조리 도구이다.

마르코나 아몬드
스페인의 단맛이 나는 아몬드이다.

미장 플라스
소스를 만들거나 채소를 써는 등, 레스토랑 주방에서 서비스 전에 식재료 등을 미리 준비하는 과정이다.

바이올린
엘불리에서 가족 식사에 쓰는 큰 타원형의 접시를 의미한다.

보글보글 끓이다
약한 불에 액체가 끓지 않도록 천천히 익히는 조리법이다.

비노 랑시오
셰리와 맛이 비슷한 스페인의 주정강화 와인이다.

사이펀
크림에 공기를 넣는 데 쓰는 도구로, 1990년대에 엘불리에서 거품을 만들어 내는 데 쓰기 시작했다.

샹티 크림
설탕을 더해 거품기로 휘저어 올린, 고전적인 프랑스 크림이다.

소흥주
중국에서 가장 유명한 술이며 발효시킨 쌀, 기장, 효모로 만든다. 아시아 식품점에서 살 수 있다.

시치미토가라시
일곱 가지 재료의 배합 양념으로 일본 요리에 쓰며 매운맛이 난다.

쌀(파에야용)
단립종의 통통한 쌀로, 스페인에서 많이 먹는다. 봄바 품종이 가장 유명하다.

아산화질소 카트리지
아산화질소를 채운 금속의 원통으로 사이펀에 끼워 충전하는 데 쓴다.

아치오테 페이스트
아치오테 관목의 씨('아나토'라고도 불린다)로 만든 페이스트로, 남아메리카에서 흔히 쓴다.

연수(스타주)
레스토랑에서 잠깐 일하면서 경험을 쌓는 과정을 의미한다. 이렇게 일하는 이를 '연수생(스타저)'라 부른다.

염장 대구
장기 보존을 위해 소금에 묻어 말린 대구이다. 대구살이 흰색을 띨수록 품질이 좋다고 여긴다.

유화
밀도가 다른 액체를 섞어 걸쭉하게 만드는

과정이다.

육수
쇠고기, 돼지고기, 가금류나 생선을 채소나 향채 등과 함께 물에 끓여 맛을 들인 조리용 액체이다.

은근히 삶기
물이나 육수, 우유 등의 액체로 살포시 삶는 조리법이다.

입히다
재료에 소스 같은 요소로 막을 입히는 조리법이다.

재우기
날고기나 다른 식재료를 맛을 들인 액체에 담가 부드럽게 만드는 한편 다른 맛도 들이는 조리법이다.

겉껍질(제스트)
시트러스 껍질의 맨 바깥쪽에 있는 얇은 겉껍질로, 바로 아래에 흰 속껍질이 있다. 겉껍질을 종종 갈아 내 쓴다.

조림
재료를 뚜껑을 덮은 냄비에서 육수나 걸쭉한 소스에 담가 은근히 끓인다.

졸이다
액체를 계속 끓이는 과정을 통해 수분을 날리고 국물을 걸쭉하게 농축시켜 맛을 내는 조리법이다.

졸졸 뿌리다
액체를 재료의 표면에 살짝 뿌리는 과정이다.

진공 포장
공기가 차단된 상태에서 재료를 포장하거나 저장하는 방법이다. 레스토랑 주방에서 종종 쓴다.

찌기
구멍 뚫린 바닥에 뚜껑이 꽉 덮이는 조리 도구를 끓는 물 위에 올려 재료를 익히는 조리법이다.

체
고운 그물 등을 거쳐 재료 등을 분리할 때 쓰는 도구이다.

캐러멜화
재료의 당이 캐러멜로 변해 노릇해질 때까지 익히는 조리법이다. 커스터드 윗면을 토치로 지진다.

쿠스쿠스
세몰리나를 입히고 눌러 만드는 작은 알갱이다.

퀘넬
숟가락을 이용해 음식을 럭비공 모양으로 빚는 과정이다.

크루
고체를 액체에 우려 맛을 들이는 조리법이다.

크림화
달걀이나 버터에 설탕을 더해 거품기나 나무 주걱으로 걸쭉하면서 색이 옅어지도록 휘저어 올리는 조리법이다.

타이 커리 페이스트
허브, 고추, 기타 향신채가 바탕을 이루는 태국의 커리. 빨간색, 녹색, 노란색 3가지가 있다.

포개듯 섞기
음식을 대접의 바닥부터 살포시 떠서 올려 섞는 과정이다. 큰 국자나 스패출라와 같은 도구를 쓰는 게 좋다.

퓌레
푸드 프로세서나 블렌더에 재료를 갈아 매끈한 페이스트를 만드는 과정이다. 이렇게 만든 페이스트 그 자체를 퓌레라 일컫기도 한다.

플란차다콩
스페인에서 흔히 볼 수 있는 길고 흰 콩이다. 익으면 크림처럼 부드럽고 매끈한 질감을 띤다.

2차 육수
한 번 육수를 우려 내고 남은 재료를 끓인 물이다. 새 육수를 우릴 때 쓰면 맛이 한층 더 진해진다.

찾아보기

찾아보기는 요리명과 재료명 순으로 정리했다. 요리명에는 레시피가 나온 쪽수와 식사 번호를 밝혀 두었다. 재료의 이름 순으로 정리한 재료명 찾아보기에는 '메뉴 계획'이 실린 쪽수를 먼저 밝히고 레시피가 나온 쪽수를 뒤에 표시했다.

요리명

ㄱ
가스파초 270, 21
감자 샐러드 182, 12
감자 칩 오믈렛 122, 6
게와 쌀 스튜 204, 14
고등어와 감자 스튜 84, 2
과일 상그리아 176, 11
과카몰리와 토르티아 칩 240, 18
샹티 크림을 곁들인 깍지콩과 감자 310, 25
꿀과 바닷소금을 곁들인 오렌지 324, 26
꿀과 크림 고구마 304, 24

ㄴ
농어 오븐 구이 332, 27

ㄷ
달걀 올린 시금치와 병아리콩 수프 300, 24
당밀과 라임즙의 파인애플 284, 22
대구 튀김과 청고추 샌드위치 292, 23
데리야키 삼겹살 302, 24

ㄹ
라임 시럽에 재운 바나나 264, 20
라임에 재운 생선 152, 9
레드 와인과 머스터드 송아지고기 조림 362, 30
렌틸콩 연어 스튜 352, 29
로메스코 소스로 맛을 낸 감자 통구이 232, 17

ㅁ
마늘 기름 소스로 맛을 낸 생선 튀김 252, 19
머스터드와 박하 양고기 조림 94, 3
메추리와 쿠스쿠스 312, 25
멕시코식 느리게 익힌 돼지고기 214, 15
멕시코식 닭고기 조림과 밥 242, 18
미소 드레싱 가지 구이 142, 8

ㅂ
바비큐 소스로 맛을 낸 돼지갈비 조림 262, 20
버섯 닭날개 구이 174, 11
버섯 사프란 리소토 132, 7
베샤멜 소스로 맛을 낸 콜리플라워 260, 20
볼로냐식 파스타 82, 2
부순 멘톨 사탕을 뿌린 수박 245, 18
비네그레트 고등어 구이 164, 10
비시슈와즈 92, 3
빵과 마늘 수프 212, 15

ㅅ
사과 오븐 통구이 106, 4
산티아고 케이크 76, 1
살사 베르데 명태 233, 17
상추 구이 360, 30
생선 수프 320, 26
소시지와 버섯 322, 26
시저 샐러드 72, 1
식초 캐러멜에 재운 딸기 186, 12
쌀 푸딩 235 17

ㅇ
아몬드 비스킷 166, 10
아몬드 수프와 아이스크림 294, 23
염장 대구와 채소 스튜 104, 4
염장 햄과 멜론 340, 28
오리 죽 342, 28
오븐 구이 파프리카와 돼지 등심 구이 124, 6
오소부코 154, 9
올리브기름 채소 오븐 구이 350, 29
완두콩과 햄 280, 22
요구르트 거품과 딸기 136, 7
월돌프 샐러드 370, 31
일본식 도미찜 194, 13

ㅈ
정어리 참깨 지짐과 당근 샐러드 114, 5
조개 미소국 162, 10
조개와 콩 수프 102, 4

ㅊ
초콜릿 무스 364, 30
초콜릿 올리브기름 빵 274, 21
초콜릿 케이크 344, 28
초콜릿 트러플 96, 3
초콜릿을 활용한 디저트 초콜릿 쿠키 86, 2
치미추리 소스로 맛을 낸 오리 가슴살 226, 16
치즈버거와 감자 칩 74, 1

ㅋ
카탈루냐식 칠면조 조림 134, 7
캐러멜 거품 254, 19
캐러멜 푸딩 334, 27
캐러멜화한 배 314, 25
코코넛 마카룬 126, 6
코코넛 플란 206, 14
쿠앵트로 소스로 맛을 낸 귤 197, 13
크렘 카탈란 146, 8
키르슈 크림 무화과 217, 15

ㅌ
탈리아탈레 카르보나라 290, 23
태국식 쇠고기 커리 184, 12
토마토 소스로 맛을 낸 소시지 144, 8
토마토 바질 샐러드 202, 14
토마토 바질 스파게티 250, 19
통닭구이와 감자채 튀김 282, 22
튀긴 달걀과 아스파라거스 172, 11

ㅍ
파르미지아노 폴렌타 그라탕 112, 5
파프리카로 맛을 낸 홍합찜 330, 27
페스토 파르팔레 192, 13
표고버섯 생강 볶음국수 222, 16
피냐 콜라다 157, 9
피스타치오 커스터드 227, 16
핑크 그레이프프루트와 멜론 박하 수프 374, 31

ㅎ
한치먹물밥 272, 21
홍합 국수 수프 372, 31
화이트 초콜릿 요구르트의 망고 116, 5
화이트 초콜릿 크림 354, 29

재료명

ㄱ
감자
　감자 샐러드 178~181, 182~183
　감자 칩 19
　고등어와 감자 스튜 78~81, 84~85
　농어 오븐 구이 326~329, 332~333
　로메스코 소스로 맛을 낸 감자 통구이 228~231, 232
　비시슈와즈 88~91, 92~93
　샹티 크림을 곁들인 깍지콩과 감자 306~309, 310~311

감자 칩
　감자 칩 오믈렛 118~121, 122~123
　치즈버거와 감자 칩 68~71, 74~75
건자두
　카탈루냐식 칠면조 조림 128~131, 134~135
건포도
　메추리와 쿠스쿠스 306~309, 312~313
　카탈루냐식 칠면조 조림 128~131, 134~135
고등어 17
　고등어와 감자 스튜 78~81, 84~85
　비네그레트 고등어 구이 158~161, 164~165
　쿠앵트로 소스로 맛을 낸 귤 188~191, 197
　화이트 초콜릿과 요구르트를 곁들인 망고 108~111, 116~117
고수
　과카몰리와 토르티아 칩 236~239, 240~241
　멕시코식 닭고기 조림과 밥 236~239, 242~243
　태국식 쇠고기 커리 178~181, 184~185
고추
　대구 튀김과 청고추 샌드위치 286~289, 292~293
　멕시코식 느리게 익힌 돼지고기 208~211, 214~216
　비네그레트 고등어 구이 158~161, 164~165
과일 12
　과일 상그리아 168~171, 176~177
　식재료 보관 23
귀족도미 17
　일본식 도미찜 188~191, 194~196
그레이프프루트
　과일 상그리아 168~171, 176~177
　핑크 그레이프프루트와 멜론 박하 수프 366~369, 374~375
그레몰라타
　오소부코 148~151, 154~156
깍지콩
　샹티 크림을 곁들인 깍지콩과 감자 306~309, 310~311
꿀
　꿀과 바닷소금을 곁들인 오렌지 316~319, 324~325
　꿀과 크림 고구마 296~299, 304~305
　데리야키 소스 50
　바비큐 소스 48, 48~49

ㄷ
당밀
　당밀과 라임즙의 파인애플 276~279, 284~285
　바비큐 소스 48, 48~49
달걀 19, 20~21
　마늘과 빵 수프 208~211, 212~213
　달걀 올린 시금치와 병아리콩 296~299, 300~301

캐러멜 거품 246~249, 254~255
캐러멜 푸딩 326~329, 334~335
대구 16
　대구 튀김과 청고추 샌드위치 286~289, 292~293
　염장 대구와 채소 스튜 98~101, 104~105
돼지고기
　데리야키 삼겹살 296~299, 302~303
　멕시코식 느리게 익힌 돼지고기 208~211, 214~216
　바비큐 소스로 맛을 낸 돼지갈비 조림 256~259, 262~263
　오븐 구이 파프리카와 돼지 등심 구이 118~121, 124~125
데리야키 소스 50
　데리야키 삼겹살 296~299, 302~303
두부
　조개 미소국 158~161, 162~163

ㄹ
라임
　라임 시럽에 재운 바나나 256~259, 264~265
　라임에 재운 생선 148~151, 152~153
레몬
　과일 상그리아 168~171, 176~177
　오소부코 148~151, 154~156
럼
　캐러멜 푸딩 326~329, 334~335
　피냐 콜라다 148~151, 157

ㅁ
마늘
　아이올리 53
　로메스코 소스 45
　마늘 기름 소스로 맛을 낸 생선 튀김 246~249, 252~253
　마늘과 빵 수프 208~211, 212~213
　버섯 닭날개 구이 168~171, 174~175
마요네즈
　감자 샐러드 178~181, 182~183
　샹티 크림을 곁들인 깍지콩과 감자 306~309, 310~311
　아이올리 53
멜론
　부순 멘톨 사탕을 뿌린 수박 236~239, 245
　염장 햄과 멜론 336~339, 340~341
　핑크 그레이프프루트와 멜론 박하 수프 366~369, 374~375
명태 16
　살사 베르데 명태 228~231, 233~234

몰레 페이스트
　멕시코식 닭고기 조림과 밥 236~239, 242~243
민트
　핑크 그레이프프루트와 멜론 박하 수프 366~369, 374~375

ㅂ
바질
　페스토 46-47
　토마토 바질 스파게티 246~249, 250~251
　토마토 바질 샐러드 198~201, 202~203
바비큐 소스 48~49
　바비큐 소스로 맛을 낸 돼지갈비 조림 256~259, 262~263
배
　과일 상그리아 168~171, 176~177
　캐러멜화한 배 306~309, 314~315
버섯
　버섯 닭날개 구이 168~171, 174~175
　표고버섯 생강 볶음국수 218~221, 222~225
　버섯 사프란 리소토 128~131, 132~133
　소시지와 버섯 316~319, 322~323
베이컨
　표고버섯 생강 볶음국수 218~221, 222~225
　탈리아탈레 카르보나라 286~289, 290~291
복숭아
　과일 상그리아 168~171, 176~177
볼로네제 소스 44
　볼로냐식 파스타 78~81, 82~83
비스킷
　아몬드 비스킷 158~161, 166~167
　코코넛 마카룬 118~121, 126~127
빵 14
　가스파초 266~269, 270~271
　대구 튀김과 청고추 샌드위치 286~289, 292~293
　로메스코 소스 45
　마늘과 빵 수프 208~211, 212~213
　초콜릿 올리브기름 빵 266~269, 274~275
　크루통 52

ㅅ
사과
　과일 상그리아 168~171, 176~177
　사과 오븐 통구이 98~101, 106~107
　월돌프 샐러드 366~369, 370~371
상추
　상추구이 356~359, 360~361
　시저 샐러드 68~71, 72~73

샐러리
  월돌프 샐러드 366~369, 370~371
샐러드
  감자 샐러드 178~181, 182~183
  시저 샐러드 68~71, 72~73
  월돌프 샐러드 366~369, 370~371
  정어리 참깨 지짐과 당근 샐러드 108~111, 114~115
  토마토 바질 샐러드 198~201, 202~203
생선 14, 16~17
  라임에 재운 생선 148~151, 152~153
  마늘 기름 소스로 맛을 낸 생선 튀김 246~249, 252~253
  생선 수프 316~319, 320~321
  생선 육수 56
서양 대파
  비시슈와즈 88~91, 92~93
셰리 식초
  바비큐 소스 48~49
소고기(활용 요리)
  볼로냐식 파스타 80~82, 82~83
  볼로네제 소스 44
  소 육수 58
  치즈버거와 감자 칩 68~71, 74~75
  태국식 쇠고기 커리 178~181, 184~185
소시지
  감자 샐러드 178~181, 182~183
  소시지와 버섯 316~319, 322~323
  토마토 소스로 맛을 낸 소시지 138~141, 144~145
송아지고기
  오소부코 148~151, 154~156
  레드 와인과 머스터드 송아지고기 조림 356~359, 362~363
숙주나물
  표고버섯 생각 볶음국수 118~221, 222~225
시금치
  달걀 올린 시금치와 병아리콩 296~299, 300~301
  메추리와 쿠스쿠스 306~309, 312~313
식초
  바비큐 소스 48~49
  식초 캐러멜에 재운 딸기 178~181, 186~187
쌀
  게와 쌀 스튜 198~201, 204~205
  멕시코식 밥 236~239, 244
  버섯 사프란 리소토 128~131, 132~133
  쌀 푸딩 228~231, 235
  오리 죽 336~339, 342~343
  한치먹물밥 266~269, 272~273

ㅇ
아몬드
  아몬드 비스킷 158~161, 166~167
  아몬드 수프와 아이스크림 286~289, 294~295
  산티아고 케이크 68~71, 76~77
아보카도
  과카몰리와 토르티아 칩 236~239, 240~241
양파
  로메스코 소스로 맛을 낸 감자 통구이 228~231, 232
  멕시코식 느리게 익힌 돼지고기 208~211, 214~216
  바비큐 소스 48~49
  소프리토 43
  올리브기름 채소 오븐 구이 346~349, 350~351
  카탈루냐식 칠면조 조림 128~131, 134~135
애호박
  염장 대구와 채소 스튜 98~101, 104~105
오리고기
  오리 죽 336~339, 342~343
  치미추리 소스로 맛을 낸 오리 가슴살 218~221, 226
올리브기름 14
  꿀과 바닷소금을 곁들인 오렌지 316~319, 324~325
  초콜릿 올리브기름 빵 266~269, 274~275
오렌지
  과일 상그리아 168~171, 176~177
  바비큐 소스 48~49
  꿀과 바닷소금을 곁들인 오렌지 316~319, 324~325
  오소부코 148~151, 154~156
  쿠앵트로 소스로 맛을 낸 귤 188~191, 197
와인
  과일 상그리아 168~171, 176~177
  레드 와인과 머스터드 송아지고기 조림 356~359, 362~363
요거트 14
  요거트 거품과 딸기 128~131, 136~137
  화이트 초콜릿과 요구르트를 곁들인 망고 108~111, 116~117
우유 12
  쌀 푸딩 228~231, 235
  크렘 카탈란 138~141, 146~147
  피스타치오 커스터드 218~221, 227

ㅈ
잣
  메추리와 쿠스쿠스 306~309, 312~313
  페스토 46~47
적미소
  미소 드레싱 가지 구이 138~141, 142~143
  조개 미소국 158~161, 162~163

정어리 17
  정어리 참깨 지짐과 당근 샐러드 108~111, 114~115
조개
  조개 미소국 158~161, 162~163
  조개와 콩 수프 98~101, 102~103

ㅊ
채소 12
  식재료 보관 23
  올리브기름 채소 오븐 구이 346~349, 350~351
초콜릿
  초콜릿 무스 356~359, 364~365
  초콜릿 올리브기름 빵 266~269, 274~275
  초콜릿 케이크 336~339, 344~345
  초콜릿 쿠키 78~81, 86~87
  초콜릿 트러플 88~91, 96~97
  화이트 초콜릿 크림 346~349, 354~355
  화이트 초콜릿과 요구르트를 곁들인 망고 108~111, 116~117
치미추리 소스 51
  치미추리 소스로 맛을 낸 오리 가슴살 218~221, 226
치즈
  베샤멜 소스로 맛을 낸 콜리플라워 256~259, 260~261
  시저 샐러드 68~71, 72~73
  치즈버거와 감자 칩 68~71, 74~75
  파르미지아노 폴렌타 그라탕 108~111, 112~113
  페스토 46~47
  페스토 파르팔레 188~91, 192~193
치킨
  멕시코식 닭고기 조림과 밥 236~239, 242~243
  버섯 닭날개 구이 168~171, 174~175
  달걀 올린 시금치와 병아리콩 296~299, 300~301
  닭 육수 57
  통닭구이와 감자채 튀김 276~279, 282~283

ㅌ
토마토
  가스파초 266~269, 270~271
  과카몰리와 토르티아 칩 236~239, 240~241
  농어 오븐 구이 326~329, 332~333
  로메스코 소스 45
  바비큐 소스 48~49
  볼로네제 소스 44
  소프리토 43
  달걀 올린 시금치와 병아리콩 296~299, 300~301
  염장 대구와 채소 스튜 98~101, 104~105
  치미추리 소스 51

레시피 노트

토마토 소스 42
  토마토 소스로 맛을 낸 소시지 138~141, 144~145
  토마토 바질 샐러드 198~201, 202~203
  토마토 바질 스파게티 246~249, 250~251
통참깨
  멕시코식 닭고기 조림과 밥 236~239, 242~243
  미소 드레싱 가지 구이 138~141, 142~143
  정어리 참깨 지짐과 당근 샐러드 108~111, 114~115
딸기
  식초 캐러멜에 재운 딸기 178~181, 186~187
  요구르트 거품과 딸기 128~131, 136~137

ㅋ

캐러멜
  캐러멜 거품 246~249, 254~255
  캐러멜 푸딩 326~329, 334~335
  캐러멜화한 배 306~309, 314~315
  코코넛 플란 198~201, 206~207
코코넛 밀크
  코코넛 플란 198~201, 206~207
  태국식 쇠고기 커리 178~181, 184~185
  피냐 콜라다 148~151, 157
쿠앵트로
  과일 상그리아 168~171, 176~177
  쿠앵트로 소스로 맛을 낸 귤 188~191, 197
크렘 카탈란 138~141, 146~147
  샨티 크림을 곁들인 깍지콩과 감자 306~309, 310~311
크림 12~14
  초콜릿 무스 356~359, 364~365
  캐러멜 거품 246~249, 254~255
  캐러멜 푸딩 326~329, 334~335
  키르슈 크림 무화과 208~211, 217
  피스타치오 커스터드 218~221, 227
  화이트 초콜릿 크림 346~349, 354~355

ㅍ

파인애플
  당밀과 라임즙의 파인애플 276~279, 284~285
  피냐 콜라다 148~151, 157
파슬리
  살사 베르데 명태 228~231, 233~234
  오소부코 148~151, 154~156
  치미추리 소스 51
  피카다 41
파스타
  볼로냐식 파스타 78~81, 82~83
  탈리아탈레 카르보나라 286~289, 290~291
  토마토 바질 스파게티 246~249, 250~251
  페스토 파르팔레 188~191, 192~193
  홍합 국수 수프 366~369, 372~373
파프리카
  염장 대구와 채소 스튜 98~101, 104~105
  오븐 구이 파프리카와 돼지 등심 구이 118~121, 124~125
  올리브기름 채소 오븐 구이 346~349, 350~351
페스토 46~47
  페스토 파르팔레 188~191, 192~193
프랑크푸르트 소시지
  감자 샐러드 178~181, 182~183
피카다 41
  렌틸콩 연어 스튜 346~349, 352~353
  생선 수프 316~319, 320~321
  오리 죽 336~339, 342~343
  한치먹물밥 266~269, 272~273
  홍합 국수 수프 366~369, 372~373

ㅎ

햄
  염장 햄과 멜론 336~339, 340~341
  완두콩과 햄 276~279, 280~281
  햄 육수 59
헤이즐넛
  로메스코 45
  초콜릿 무스 356~359, 364~365
  피카다 41
  화이트 초콜릿과 요구르트를 곁들인 망고 108~111, 116~117
호두
  부순 멘톨 사탕을 뿌린 수박 236~239, 245
  월돌프 샐러드 366~369, 370~371
홍합
  파프리카로 맛 낸 홍합찜 326~329, 330~331
  홍합 국수 수프 366~369, 372~373
흰 강낭콩
  조개와 콩 수프 98~101, 102~103

특정하지 않는 경우에는 생허브를 쓴다.

파슬리는 잎이 납작한 이탈리안 파슬리를 쓴다.

특정하지 않는 경우에는 흰색 밀가루를 쓴다.

특정하지 않는 경우에는 백설탕을 쓴다.

특정하지 않은 경우에는 달걀은 중간 크기, 버터는 무염 버터, 우유는 지방을 걷어 내지 않은 일반 우유(전유)를 쓴다.

오븐마다 상태가 다르므로 여기에 나온 요리 시간과 온도를 참고하여 자신의 오븐에 맞게 조절해야 한다. 대류 오븐을 쓸 경우 제조업체의 설명서를 참조해 온도를 조정한다.(대체로 레시피의 온도에서 10~15℃ 낮춘다. —옮긴이)

레시피를 따라 고온이나 센불 조리, 튀김 등을 할 때는 조심해야 한다. 특히 튀김을 할 때는 기름이 튀지 않도록 재료를 조심해서 넣고, 불 주변을 떠나지 않아야 한다. 되도록 긴팔 옷을 입는 것이 좋다.

몇몇 레시피에는 날것 혹은 아주 살짝 익힌 달걀이나 생선, 고기를 쓴다. 노인이나 어린이, 임산부, 요양 환자 등 면역력이 약한 이들은 먹지 않도록 주의한다.

모든 숟가락 계량은 특정하지 않는 경우 재료를 담아 평평하게 고른 상태를 의미한다.

옮긴이 **이용재**

음식 평론가. 한양 대학교 건축학과와 미국 조지아 공과 대학 건축 대학원을 졸업했다. 《조선일보》, 《에스콰이어》 등 여러 신문과 잡지에 기고했으며, 음식 전문지 《올리브 매거진》에 한국 최초의 레스토랑 리뷰를 연재했다. 한편 홈페이지 (www.bluexmas.com)에 음식 문화 관련 글을 꾸준히 올린다. 한국 음식 문화 비평 연작의 일환으로 『외식의 품격』과 『한식의 품격』을 썼고 『실버 스푼』, 『뉴욕의 맛 모모푸쿠』, 『철학이 있는 식탁』, 『식탁의 기쁨』, 『모든 것을 먹어본 남자』, 『탁탁탁 지글지글 짠!』, 『아이와 함께하는 실버 스푼』 등의 요리책 및 음식 이론서를 번역했다.

Original title: The Family Meal:
Home Cooking with Ferran Adria
© 2011 Phaidon Press Limited

This Edition published by ScienceBooks Publishing Co. Ltd under licence from Phaidon Press Limited, Regent's Wharf, All Saints Street, London, N1 9PA, UK,
© 2018 Phaidon Press Limited.

All rights reserved.
No part of this publication may be reproduced, stored in a retrieval system or transmitted, in any form or by any means, electronic, mechanical, photocopying, recording or otherwise, without the prior permission of Phaidon Press.

이 책의 한국어판 저작권은 Phaidon Press Limited와 독점 계약한 ㈜사이언스북스에 있습니다.

저작권법에 의해 한국 내에서 보호를 받는 저작물이므로 무단 전재와 무단 복제를 금합니다.

패밀리 밀
엘불리 페란 아드리아의 가정식 레시피

1판 1쇄 찍음 2018년 6월 15일
1판 1쇄 펴냄 2018년 6월 30일

옮긴이   이용재
펴낸이   박상준
펴낸곳   ㈜사이언스북스
출판등록 1997. 3. 24.(제16-1444호)
(06027)   서울특별시 강남구 도산대로1길 62
대표전화   515-2000   팩시밀리 515-2007
편집부   517-4263   팩시밀리 514-2329

한국어판 © ㈜사이언스북스, 2018. Printed in China.

ISBN 978-89-8371-551-7 13590

세미콜론은 이미지 시대를 열어 가는 ㈜사이언스북스의 브랜드입니다.
www.semicolon.co.kr